# 中职生语文素养读本

## （上 册）

汪皆健　胡莉娜　主编

人民交通出版社股份有限公司
China Communications Press Co.,Ltd.

## 内容提要

本书为中等职业学校语文公共基础课教材。内容主要从自然风情、崇德修身、求知砺技、乡土文化四个方面的优秀古今文化作品中选取,作品体裁主要有古代散文、古代诗词、现代散文三种类型。

本书既满足中等职业学校的语文教学需要,又充分考虑了"大语文"的审美、鉴赏和教育功能,可作为相关职业学校语文公共基础课的教学用书,亦可作为相关文学爱好者的朗读用书与参考用书。

### 图书在版编目(CIP)数据

中职生语文素养读本. 上册 / 汪皆健,胡莉娜主编
. — 北京:人民交通出版社股份有限公司,2018.5
ISBN 978-7-114-13153-0

Ⅰ. ①中… Ⅱ. ①汪… ②胡… Ⅲ. ①语文课—中等专业学校—教材 Ⅳ. ①G634.301

中国版本图书馆CIP数据核字(2018)第047358号

| | |
|---|---|
| 书　　名: | 中职生语文素养读本(上册) |
| 著 作 者: | 汪皆健　胡莉娜 |
| 责任编辑: | 李　良 |
| 责任校对: | 尹　静 |
| 责任印制: | 刘高彤 |
| 出版发行: | 人民交通出版社股份有限公司 |
| 地　　址: | (100011)北京市朝阳区安定门外外馆斜街3号 |
| 网　　址: | http://www.ccpress.com.cn |
| 销售电话: | (010)59757973 |
| 总 经 销: | 人民交通出版社股份有限公司发行部 |
| 经　　销: | 各地新华书店 |
| 印　　刷: | 北京虎彩文化传播有限公司 |
| 开　　本: | 787×1092　1/16 |
| 印　　张: | 11.25 |
| 字　　数: | 220千 |
| 版　　次: | 2018年5月　第1版 |
| 印　　次: | 2022年12月　第3次印刷 |
| 书　　号: | ISBN 978-7-114-13153-0 |
| 定　　价: | 26.00元 |

(有印刷、装订质量问题的图书由本公司负责调换)

# 编写人员名单

**主　编**　汪皆健　　胡莉娜
**参　编**　徐湖川　　王　鹏　　谢　苗
　　　　　　胡寅迪　　顾敏慧　　褚　静
　　　　　　邵忠芳　　陈志浩

# 前言

东林书院有副名联:"风声雨声读书声,声声入耳;家事国事天下事,事事关心。"读书声,就像那美妙的乐曲一般,让人沉醉于朗读的旋律中,感受着语言独特的魅力。一所校园,如果缺少了琅琅的读书声,便显得沉闷压抑;一个学生,如果不喜欢朗读,那他的语文学习肯定是僵化而无味的。

我们的母语——汉语,是世界上最古老、最美丽的语言,她承载着中华民族悠久灿烂的历史文化,联通着我们和无数先哲的思想交流,谱写着一曲曲动人心魄的优美华章。因为汉语,我们这个民族才始终有着最牢固的情感纽带,才能够生生不息,在历史的长河中不断发展。我们有什么理由不珍爱她呢?

作为中学生,我们有义务传承母语,我们更有责任将其发扬光大。

朗读,就是最好的方式。

当前社会,科技的进步让我们的生活丰富多彩,很多人已经无法静心读书,更不用说朗读了。此外,在应试教育的背景下,教师在教学上也重视阅读(理性分析),轻视朗读(感性体悟)。朗读,在语文学习的过程中,逐渐褪色、淡化、消失。事实上,即便有朗读的身影,也存在流于形式的问题——大部分中职学校的晨读内容仍旧是语文课本,或者是教师自行印发的考试资料。中职学校缺少针对性的晨读教材,也缺少科学有序的晨读计划。

基于此,我们编写了《中职生语文素养读本》,作为晨读教材,供同学们朗读、学习。在编写教材的过程中,我们一直思考两个问题,一是读什么的问题,二是怎么读的问题。最终在读本内容上,我们从自然风情、崇德修身、求知砺技、乡土文化四个方面选取作品,既考虑到了中职学校的特色,又兼顾了"大语文"的审美和教育功能。在充分考虑了朗读时间的因素后,我们将每个模块又分为古代散文、古代诗词、现代散文三个部分,同学们在朗读的过程中,就可以灵活多变地进行选择。

这本教材旨在激发同学们对朗读的热情,培养大家对朗读的兴趣,同时也为了开拓同学们的阅读视野,提高大家的文学素养、品德修养和职业素养。

本书由汪皆健、胡莉娜担任主编,参与编写的人员有徐湖川、王鹏、谢苗、胡寅迪、顾敏慧、褚静、邵忠芳、陈志浩,在此一并表示感谢。由于编排时间紧迫,加上水平有限,难免有疏漏之处,敬请广大师生不吝指正。

清晨,伴随着第一缕阳光的温暖,请让我们翻开这本书,大声朗读吧!

编　者

2017 年 12 月 5 日

# 目录

## 自然风情 ································ 1

- 诸子喻山水 ···························· 2
- 庄子与惠子游于濠梁 ············· 3
- 兰亭序 ···································· 4
- 桃花源记 ································ 6
- 三峡 ········································ 8
- 与朱元思书 ···························· 9
- 小石潭记 ······························ 10
- 石钟山记 ······························ 11
- 赤壁赋 ·································· 13
- 白洋潮 ·································· 15
- 观沧海 ·································· 16
- 饮酒 ······································ 17
- 入若耶溪 ······························ 18
- 鸟鸣涧 ·································· 18
- 咏柳 ······································ 19
- 黄鹤楼送孟浩然之广陵 ······· 20
- 江畔独步寻花·其六 ············ 21
- 渔歌子 ·································· 21
- 夜雨寄北 ······························ 22
- 江南春 ·································· 23
- 暮江吟 ·································· 23
- 滁州西涧 ······························ 24
- 春日 ······································ 24
- 临安春雨初霁 ······················ 25
- 如梦令·昨夜雨疏风骤 ········ 26
- 饮湖上初晴后雨二首·其二 ·· 27
- 晓出净慈寺送林子方 ·········· 28
- 天净沙·秋思 ························ 28
- 山坡羊·骊山怀古 ················ 29
- 山中杂感 ······························ 30
- 三棵银杏树 ·························· 31
- 江南的冬景 ·························· 32
- 五月的青岛 ·························· 34
- 扬州的夏日 ·························· 35
- 雷雨前 ·································· 37
- 巷 ·········································· 38
- 莲花荷叶 ······························ 39
- 大地的忠诚 ·························· 42

## 崇德修身 ······························ 43

- 《论语》四则 ······················ 44
- 国语·昔齐攻鲁，求其岑鼎 ·· 45
- 曾子杀彘 ······························ 45
- 孟母三迁 ······························ 46
- 陈情表 ·································· 47

| | |
|---|---|
| 田真兄弟 …………………………… 49 | 再见吧，我不幸的乡土呦 …………… 76 |
| 世说新语・陈太丘与友期 …………… 49 | 最后一次演讲 ………………………… 76 |
| 岳阳楼记 ……………………………… 50 | 记念刘和珍君 ………………………… 78 |
| 指南录后序（节选） ………………… 52 | 背影 …………………………………… 81 |
| 黄香温席 ……………………………… 53 | 走到人生边上・他是否知道自己骗人… 82 |
| 龙门子凝道记・吴起守信 …………… 54 | 秋天的怀念 …………………………… 84 |
| 项脊轩志 ……………………………… 54 | 忆往述怀・漫谈撒谎（节选） ……… 85 |
| 梅花岭记（节选） …………………… 57 | 碎句与短章・诚信与尊严 …………… 86 |
| 诗经・国风・唐风・采苓 …………… 58 | 我的人生追求 ………………………… 86 |
| 诗经・小雅・青蝇 …………………… 59 | 列车上的偶然相遇 …………………… 87 |
| 七步诗 ………………………………… 59 | |
| 送二兄入蜀 …………………………… 60 | ## 求知砺技 ……………………………… 89 |
| 赐萧瑀 ………………………………… 61 | |
| 送杜少府之任蜀州 …………………… 61 | 《论语》十则 ………………………… 90 |
| 九月九日忆山东兄弟 ………………… 62 | 礼记・学记（节选） ………………… 92 |
| 出塞 …………………………………… 63 | 纪昌学射 ……………………………… 93 |
| 喜见外弟又言别 ……………………… 64 | 劝学（节选） ………………………… 94 |
| 月夜忆舍弟 …………………………… 65 | 庖丁解牛 ……………………………… 96 |
| 泊秦淮 ………………………………… 66 | 师说 …………………………………… 98 |
| 游子吟 ………………………………… 67 | 游褒禅山记 …………………………… 100 |
| 游终南山 ……………………………… 68 | 核舟记 ………………………………… 102 |
| 从军行 ………………………………… 69 | 黄生借书说 …………………………… 104 |
| 渔家傲・秋思 ………………………… 70 | 口技 …………………………………… 105 |
| 水调歌头 ……………………………… 70 | 长歌行 ………………………………… 107 |
| 满江红 ………………………………… 71 | 龟虽寿 ………………………………… 108 |
| 夏日绝句 ……………………………… 72 | 杂诗 …………………………………… 109 |
| 永遇乐・京口北固亭怀古 …………… 73 | 劝学 …………………………………… 110 |
| 示儿 …………………………………… 74 | 柏学士茅屋 …………………………… 111 |
| 过零丁洋 ……………………………… 75 | 行路难 ………………………………… 112 |

| | |
|---|---|
| 酬乐天扬州初逢席上见赠 …………… 113 | 蝉 …………………………………………… 149 |
| 琵琶行（节选）……………………… 114 | 送萧炼师入四明山 …………………… 149 |
| 听颖师弹琴 …………………………… 116 | 明州江亭别段秀才 …………………… 150 |
| 李凭箜篌引 …………………………… 117 | 忆东吴太白山水 ……………………… 150 |
| 和董传留别 …………………………… 118 | 寄题钱君倚明州重修众乐亭 ………… 151 |
| 菩萨蛮·送曹君之庄所 ……………… 119 | 千丈岩瀑布 …………………………… 152 |
| 偶成 …………………………………… 120 | 游鄞 …………………………………… 152 |
| 冬夜读书示子聿 ……………………… 120 | 游东钱湖 ……………………………… 153 |
| 四时读书乐·春 ……………………… 121 | 它山堰次永嘉薛叔振韵 ……………… 153 |
| 观书 …………………………………… 122 | 登招宝山 ……………………………… 154 |
| 明日歌 ………………………………… 123 | 解连环（拜陈西麓墓）……………… 154 |
| 读书有所见作 ………………………… 124 | 踏莎行·润玉笼绡 …………………… 155 |
| 敬业与乐业（节选）………………… 125 | 六州歌头·长淮望断 ………………… 155 |
| 甘当书痴 ……………………………… 127 | 塞鸿秋·春情 ………………………… 157 |
| 读书，人才更像人 …………………… 128 | 送柴养吾先生游四明山 ……………… 157 |
| 那一年，面包飘香 …………………… 129 | 光溪 …………………………………… 158 |
| 读书使人优美 ………………………… 131 | 泛钱湖入寺 …………………………… 158 |
| | 上元诸彦集天一阁即事 ……………… 159 |
| **乡土文化** ……………………………… 133 | 宁波杂咏 ……………………………… 160 |
| | 雪窦山 ………………………………… 160 |
| 陈禾劝谏 ……………………………… 134 | 登天封塔 ……………………………… 161 |
| 鄞县经游记 …………………………… 135 | 甬江城楼 ……………………………… 161 |
| 广德湖记（节选）…………………… 136 | 登宁波城楼 …………………………… 162 |
| 袁燮传（节选）……………………… 138 | 竹枝词 ………………………………… 162 |
| 王应麟传（节选）…………………… 139 | 再叠双湖竹枝词 ……………………… 163 |
| 忠直不阿方孝孺 ……………………… 142 | 童年 …………………………………… 164 |
| 心学大家王守仁 ……………………… 144 | 故乡的杨梅 …………………………… 165 |
| 日月湖 ………………………………… 146 | 谈宁波人的吃 ………………………… 167 |
| 鸿儒黄宗羲 …………………………… 148 | 哭 ……………………………………… 169 |

# 诸子喻山水

〔先秦〕 诸 子

海不辞水,故能成其大;山不辞土石,故能成其高;明主不厌人,故能成其众;士不厌学,故能成其圣。——《管子·形势解》

子曰:"知者乐水,仁者乐山;知者动,仁者静;知者乐,仁者寿。"——《论语·雍也》

孟子曰:"孔子登东山而小鲁,登泰山而小天下。故观于海者难为水,游于圣人之门者难为言。观水有术,必观其澜。日月有明,容光必照焉。流水之为物也,不盈科不行;君子之志于道也,不成章不达。"——《孟子·尽心上》

上善若水。水善利万物而不争。处众人之所恶,故几于道。居善地,心善渊,与善仁,言善信,政善治,事善能,动善时。夫唯不争,故无尤。——《老子》

大海不拒各种各样的水,所以才能成就它的博大;大山不拒形形色色的土石,所以才能成就它的高耸;开明的君主不厌烦臣民,所以使他成为众人的君主;学者不厌烦学习,所以他能达到圣人的境界。

孔子说:"聪明的人爱水,有仁心的人爱山;聪明的人好动,有仁心的人喜静;聪明的人快乐,有仁心的人长寿。"

孟子说:"孔子登上了东山,觉得鲁国变小了,登上了泰山,觉得天下变小了,所以看过大海的人,就难以被别的水吸引了,在圣人门下学习的人,就难以被别的言论吸引了。观赏水有一定的方法,一定要观赏它的波澜。日月都有光,细小的缝隙必定都能照到。流水这东西,不充满洼坑就不再向前流;君子有志于道,不到相当程度就不可能通达。"

最高的善像水。水善于帮助万物而不与万物相争。它停留在众人所不喜欢的地方,所以水性接近于"真"理。上善的人居住要像水那样安于卑下,善于保持沉静,存心要像水一样深沉,交友要像水那样相亲,善于讲究仁义,说话要像水一样,善于遵守信用,为政要像水那样有条有理,办事要像水那样无所不能,行为要像水那样伺机而动。正因为与万物无争,所以才没有埋怨过失。

# 庄子与惠子游于濠(háo)梁

〔先秦〕 佚 名

庄子与惠子游于濠梁之上。庄子曰:"鲦(tiáo)鱼出游从容,是鱼之乐也。"惠子曰:"子非鱼,安知鱼之乐?"庄子曰:"子非我,安知我不知鱼之乐?"惠子曰:"我非子,固不知子矣;子固非鱼也,子之不知鱼之乐,全矣!"庄子曰:"请循其本。子曰'汝安知鱼乐'云者,既已知吾知之而问我。我知之濠上也。"

庄子和惠子一起在濠水的桥上游玩。庄子说:"鲦鱼在河水中游得多么悠闲自得,这是鱼的快乐啊。"惠子说:"你又不是鱼,哪里知道鱼是快乐的呢?"庄子说:"你又不是我,怎么知道我不知道鱼是快乐的呢?"惠子说:"我不是你,固然就不知道你(的想法);你本来就不是鱼,你不知道鱼的快乐,这是可以完全确定的。"庄子说:"让我们回到最初的话题,你开始问我'你哪里知道鱼的快乐'的话,就说明你很清楚我知道,所以才来问我是从哪里知道的。现在我告诉你,我是在濠水的桥上知道的。"

# 兰亭序

〔东晋〕 王羲之

## 原文

永和九年,岁在癸(guǐ)丑,暮春之初,会于会稽(jī)山阴之兰亭,修禊(xì)事也。群贤毕至,少长咸集。此地有崇山峻岭,茂林修竹;又有清流激湍,映带左右。引以为流觞(shāng)曲水,列坐其次。虽无丝竹管弦之盛,一觞一咏,亦足以畅叙幽情。

是日也,天朗气清,惠风和畅,仰观宇宙之大,俯察品类之盛,所以游目骋(chěng)怀,足以极视听之娱,信可乐也。

夫人之相与,俯仰一世,或取诸怀抱,悟言一室之内;或因寄所托,放浪形骸(hái)之外。虽趣舍万殊,静躁不同,当其欣于所遇,暂得于己,快然自足,不知老之将至。及其所之既倦,情随事迁,感慨系之矣。向之所欣,俯仰之间,已为陈迹,犹不能不以之兴怀。况修短随化,终期于尽。古人云:"死生亦大矣。"岂不痛哉!

每览昔人兴感之由,若合一契,未尝不临文嗟(jiē)悼,不能喻之于怀。固知一死生为虚诞,齐彭殇(shāng)为妄作。后之视今,亦犹今之视昔,悲夫!故列叙时人,录其所述,虽世殊事异,所以兴怀,其致一也。后之览者,亦将有感于斯文。

## 译文

永和九年,时在癸丑之年,三月上旬,我们会集在会稽郡山阴城的兰亭,为了做禊礼这件事。众多贤才都汇聚到这里,年长年幼的都聚集在这里。兰亭这个地方有高峻的山峰,茂盛的树林,高高的竹子。又有清澈湍急的溪流,辉映环绕在亭子的四周,我们引溪水作为流觞的曲水,排列坐在曲水旁边,即使没有演奏音乐的盛况,但喝点酒,作点诗,也足够来畅快叙述幽深内藏的感情了。

这一天,天气晴朗,空气清新,和风温暖,仰首观览到宇宙的浩大,俯瞰观察大地上众多的万物,借以舒展眼力,开阔胸怀,尽情享受视听的乐趣,实在很快乐。

人与人相互交往,很快便度过一生。有的人在室内畅谈自己的胸怀抱负;有的人就着自己所爱好的事物,寄托情怀,放纵无羁地生活。虽然各有各的爱好,安静与躁动各不相同,但当他们对所接触的事物感到高兴时,一时感到自得,感到高兴和满足,竟然不知道衰老将要到来。等到对得到或喜爱的东西已经厌倦，感情随着事物的变化而变化，感慨随之产生。过去所喜欢的东西，转瞬间已经成为旧迹，尚且不能不因为它引发心中的感触，况且寿命长短，听凭造化，最后归结于消亡。古人说："死生毕竟是件大事啊。"怎么能不让人悲痛呢？

每当看到前人所发感慨的原因，其缘由像一张符契那样相合，总难免要在读前人文章时叹息哀伤，不能明白于心。本来知道把生死等同的说法是不真实的，把长寿和短命等同起来的说法是荒谬的。后人看待今人，也就像今人看待前人，可悲呀。所以一个一个记下当时与会人的姓名，抄录下他们所作的诗篇。纵使时代变了，世事不同了，但触发人们情怀的原因，他们的思想情趣是一样的。后世的读者，也将对这次集会的诗文有所感慨。

# 桃花源记

〔东晋〕 陶渊明

晋太元中,武陵人捕鱼为业。缘溪行,忘路之远近。忽逢桃花林,夹岸数百步,中无杂树,芳草鲜美,落英缤纷,渔人甚异之。复前行,欲穷其林。

林尽水源,便得一山,山有小口,仿佛若有光。便舍船,从口入。初极狭,才通人。复行数十步,豁然开朗。土地平旷,屋舍俨然,有良田美池桑竹之属。阡陌交通,鸡犬相闻。其中往来种作,男女衣着,悉如外人。黄发垂髫(tiáo),并怡然自乐。

见渔人,乃大惊,问所从来,具答之。便要还家,设酒杀鸡作食。村中闻有此人,咸来问讯。自云先世避秦时乱,率妻子邑人来此绝境,不复出焉,遂与外人间隔。问今是何世,乃不知有汉,无论魏晋。此人一一为具言所闻,皆叹惋。余人各复延至其家,皆出酒食。停数日,辞去。此中人语云:"不足为外人道也。"

既出,得其船,便扶向路,处处志之。及郡下,诣太守,说如此。太守即遣人随其往,寻向所志,遂迷,不复得路。

南阳刘子骥,高尚士也,闻之,欣然规往。未果,寻病终,后遂无问津者。

## 译 文

  东晋太元年间,武陵郡有个人以打鱼为生。一天,他顺着溪水行船,忘记了路程的远近。忽然遇到一片桃花林,生长在溪水的两岸,长达几百步,中间没有别的树,花草鲜嫩美丽,落花纷纷扬扬地散在地上。渔人对眼前的景色感到十分诧异,继续往前行船,想走到林子的尽头。

  桃林的尽头就是溪水的发源地,于是便出现一座山,山上有个小洞口,洞里隐约有点光亮。于是他下了船,从洞口进去了。起初洞口很狭窄,仅容一人通过。又走了几十步,突然变得开阔明亮了。(呈现在他眼前的是)一片平坦宽广的土地,一排排整齐的房舍,还有肥沃的田地、美丽的池沼、桑树竹林之类的。田间小路交错相通,到处可以听到鸡鸣狗叫的声音。人们在田野里来来往往耕种劳作,男女的穿戴跟桃花源以外的世人完全一样。老人和小孩们个个都安适愉快,自得其乐。

  村里的人看到渔人,感到非常惊讶,问他是从哪儿来的。渔人详细地做了回答。村里就有人邀请他到自己家里去,设酒杀鸡做饭来款待他。村里的人听说来了这么一个人,都来打听消息。他们自己说他们的祖先为了躲避秦时的战乱,领着妻子儿女和乡邻们来到这个与世隔绝的地方,不再出去,因而跟外面的人断绝了来往。他们问渔人现在是什么朝代,他们竟然不知道有过汉朝,更不必说魏晋两朝了。渔人把自己知道的事一一详尽地告诉了他们,听完以后,他们都感叹惋惜。其余的人又把渔人请到自己家中,都拿出酒饭来款待他。渔人停留了几天,向村里人告辞离开。村里的人对他说:"我们这个地方不值得对外面的人说啊!"

  渔人出来以后,找到了他的船,就顺着来时的路回去,处处都做了标记。到了郡城,拜见太守,报告了这番经历。太守立即派人跟着他去,寻找以前所做的标记,却迷失了方向,再也找不到通往桃花源的路了。

  南阳人刘子骥是个志向高洁的隐士,听到这件事后,高兴地计划前往该地。但没有实现,不久因病去世了。此后就再也没有探访桃花源的人了。

# 三　峡

〔南北朝〕　郦（lì）道元

**原文**

　　自三峡七百里中，两岸连山，略无阙（quē）处。重岩叠嶂，隐天蔽日，自非亭午夜分，不见曦月。

　　至于夏水襄（xiāng）陵，沿溯（sù）阻绝。或王命急宣，有时朝发白帝，暮到江陵，其间千二百里，虽乘奔御风，不以疾也。

　　春冬之时，则素湍绿潭，回清倒影，绝巘（yǎn）多生怪柏，悬泉瀑布，飞漱其间，清荣峻茂，良多趣味。

　　每至晴初霜旦，林寒涧肃，常有高猿长啸，属引凄异，空谷传响，哀转久绝。故渔者歌曰："巴东三峡巫峡长，猿鸣三声泪沾裳。"

**译文**

　　在七百里长的三峡中，两岸都是连绵的高山，中间没有空缺的地方。重重叠叠的山峰像屏障一样，遮住了天空和太阳。如果不是正午或半夜，连太阳和月亮都看不到。

　　到了夏天，江水漫上两岸丘陵的时候，下行和上行的船只都被阻挡了。如有皇上的命令要紧急传达，早晨从白帝城出发，傍晚就到了江陵，这中间有一千二百多里，即使骑着奔驰的快马，驾着风，也不如船行得快啊。

　　每到春季和冬季，白色的急流，回旋着清波，碧绿的潭水，映出了(山石林木)的倒影。高山上生长着许多奇形怪状的柏树，悬挂着的瀑布冲荡在岩石山涧中，水清、树荣、山高、草盛，实在是有许多趣味。

　　每到秋雨初晴、降霜的早晨，树林山涧一片清凉寂静，经常有猿猴在高处长啸，叫声不断，声音凄凉怪异，空荡的山谷里传来了猿叫的回声，悲哀婉转，很长时间才消失。所以渔民唱道："巴东三峡巫峡长，猿鸣三声泪沾裳。"

# 与朱元思书

〔南北朝〕 吴 均

风烟俱净,天山共色。从流飘荡,任意东西。自富阳至桐庐一百许里,奇山异水,天下独绝。

水皆缥碧,千丈见底。游鱼细石,直视无碍。急湍(tuān)甚箭,猛浪若奔。

夹岸高山,皆生寒树。负势竞上,互相轩邈(miǎo);争高直指,千百成峰。泉水激石,泠泠作响;好鸟相鸣,嘤嘤成韵。蝉则千转不穷,猿则百叫无绝。鸢(yuān)飞戾(lì)天者,望峰息心;经纶(lún)世务者,窥谷忘反。横柯上蔽,在昼犹昏;疏条交映,有时见日。

风和烟都散尽了,天和山是一样的颜色。(我的小船)随着江流飘荡,时而偏东,时而偏西。从富阳到桐庐一百多里的水路,奇异的山水,独一无二。

江水都是青白色,千丈深的地方都能看得清楚。游动的鱼儿和细碎的沙石,也可以看得清清楚楚,毫无障碍。湍急的水流比箭还快,迅猛的浪涛像飞奔的骏马。

江两岸的高山上,全都生长着密而绿的树;山峦凭借着(高峻的)地势,争着向上,仿佛都在相互争着往高处和远处伸展,笔直地向上,直插云天,形成了无数的山峰。(山间的)泉水冲击着岩石,发出泠泠的响声;美丽的鸟互相和鸣,鸣声嘤嘤,和谐动听。蝉儿和猿猴也长时间地叫个不断。极力追求名利的人,看到(这些雄奇的)高峰,(就会)平息热衷于功名利禄的心;治理政务的人,看到(这些幽美的)山谷,(就会)流连忘返。横斜的树枝在上面遮蔽着,即使是在白天也像黄昏时那样昏暗;稀疏的枝条交相掩映,有时还可以(从枝叶的空隙中)见到阳光。

# 小石潭记

〔唐〕 柳宗元

从小丘西行百二十步，隔篁(huáng)竹，闻水声，如鸣佩环，心乐之。伐竹取道，下见小潭，水尤清冽。全石以为底，近岸，卷(quán)石底以出，为坻(chí)，为屿，为嵁(kān)，为岩。青树翠蔓，蒙络摇缀，参差披拂。

潭中鱼可百许头，皆若空游无所依。日光下澈，影布石上，佁(yǐ)然不动，俶(chù)尔远逝，往来翕(xī)忽，似与游者相乐。

潭西南而望，斗(dǒu)折蛇行，明灭可见。其岸势犬牙差(cī)互，不可知其源。

坐潭上，四面竹树环合，寂寥无人，凄神寒骨，悄(qiǎo)怆(chuàng)幽邃(suì)。以其境过清，不可久居，乃记之而去。

同游者：吴武陵，龚古，余弟宗玄。隶而从者，崔氏二小生：曰恕己，曰奉壹。

从小土丘往西走约一百二十步，隔着竹林，可以听到水声，就像人身挂着的玉佩、玉环相互碰撞的声音，心里很是高兴。(于是)砍伐竹子，开出一条道路，下面显现出一个小小的水潭，潭水特别清凉。潭以整块石头为底，靠近岸边，石底有些部分向上弯曲，露出水面，像各种各样的石头和小岛。青葱的树木，翠绿的藤蔓，遮掩缠绕，摇动下垂，参差不齐，随风飘动。

潭中大约有一百多条鱼，都好像在空中游动，没有什么依靠似的。阳光往下一直照到潭底，鱼儿的影子映在水底的石上。(鱼儿)呆呆地静止不动，忽然间(又)向远处游去，来来往往，轻快敏捷，好像跟游人逗乐似的。

向石潭的西南方向望去，(溪流)像北斗七星那样的曲折，(又)像蛇爬行一样的蜿蜒，(有时)看得见，(有时)看不见。两岸的形状像犬牙似的参差不齐，看不出溪水的源头在哪里。

坐在石潭旁边，四面被竹林树木包围着，静悄悄的，空无一人，(这气氛)使人感到心神凄凉，寒气透骨，幽静深远，弥漫着忧伤的气息。因为环境过于凄清，不能长时间地待下去，就记下这番景致离开了。

一同去游览的人有吴武陵、龚古和我的弟弟宗玄。跟着一同去的还有姓崔的两个年轻人，一个叫恕己，一个叫奉壹。

# 石钟山记

〔宋〕 苏 轼

《水经》云:"彭蠡(lǐ)之口有石钟山焉。"郦(lì)元以为下临深潭,微风鼓浪,水石相搏,声如洪钟。是说也,人常疑之。今以钟磬(qìng)置水中,虽大风浪不能鸣也,而况石乎!至唐李渤始访其遗踪,得双石于潭上,扣而聆之,南声函胡,北音清越,桴(fú)止响腾,余韵徐歇。自以为得之矣。然是说也,余尤疑之。石之铿(kēng)然有声者,所在皆是也,而此独以钟名,何哉?

元丰七年六月丁丑,余自齐安舟行适临汝,而长子迈将赴饶(ráo)之德兴尉,送之至湖口,因得观所谓石钟者。寺僧使小童持斧,于乱石间择其一二扣之,硿(kōng)硿焉,余固笑而不信。至莫夜月明,独与迈乘小舟,至绝壁下。大石侧立千尺,如猛兽奇鬼,森然欲搏人;而山上栖鹘(hú),闻人声亦惊起,磔(zhé)磔云霄间;又有若老人咳且笑于山谷中者,或曰此鹳(guàn)鹤也。余方心动欲还,而大声发于水上,噌(chēng)吰(hóng)如钟鼓不绝。舟人大恐。徐而察之,则山下皆石穴罅(xià),不知其浅深,微波入焉,涵淡澎湃而为此也。舟回至两山间,将入港口,有大石当中流,可坐百人,空中而多窍,与风水相吞吐,有窾(kuǎn)坎镗(tāng)鞳(tà)之声,与向之噌吰者相应,如乐作焉。因笑谓迈曰:"汝识之乎? 噌吰者,周景王之无射也;窾坎镗鞳者,魏庄子之歌钟也。古之人不余欺也!"

事不目见耳闻,而臆断其有无,可乎?郦元之所见闻,殆与余同,而言之不详;士大夫终不肯以小舟夜泊绝壁之下,故莫能知;而渔工水师虽知而不能言。此世所以不传也。而陋者乃以斧斤考击而求之,自以为得其实。余是以记之,盖叹郦元之简,而笑李渤之陋也。

## 译 文

《水经》说:"鄱阳湖的湖口有一座石钟山在那里。"郦道元认为石钟山下面靠近深潭,微风振动波浪,水和石头互相拍打,发出的声音好像大钟一般。这个说法,人们常常怀疑它。如果把钟磬放在水中,即使大风大浪也不能使它发出声响,何况是石头呢!到了唐代李渤才访求石钟山的旧址。在深潭边找到两块山石,敲击它们,聆听它们的声音,南边那座山石的声音重浊而模糊,北边那座山石的声音清脆而响亮,鼓槌停止敲击,声音还在传播，余音慢慢地消失。他自己认为找到了这个石钟山命名的原因。但是这个说法，我更加怀疑。敲击后能发出声响的石头，到处都这样，可唯独这座山用钟来命名，这是为什么呢？

元丰七年六月初九，我从齐安坐船到临汝去，大儿子苏迈将要去就任饶州德兴县的县尉，我送他到湖口，因而能够看到所说的石钟山。庙里的和尚让小童拿着斧头，在乱石中间选一两处敲打它，硿硿地发出声响，我当然觉得很好笑并不相信。到了晚上月光明亮，特地和苏迈坐着小船到断壁下面。巨大的山石倾斜地立着，有千尺之高，好像凶猛的野兽和奇异的鬼怪，阴森森地想要攻击人；山上宿巢的老鹰，听到人声也受惊飞起来，在云霄间发出磔磔声响；又有像老人在山谷中咳嗽并且大笑的声音，有人说这是鹳鹤。我正心惊想要回去，忽然巨大的声音从水上发出，声音洪亮像不断地敲钟击鼓。船夫很惊恐。我慢慢地观察，山下都是石穴和缝隙，不知它们有多深，细微的水波涌进那里面，水波激荡因而发出这种声音。船回到两山之间，将要进入港口，有块大石头正对着水的中央，上面可坐百余人，中间是空的，而且有许多窟窿，把清风水波吞进去又吐出来，发出窾坎镗鞳的声音，同先前噌吰的声音相互应和，好像音乐演奏。于是我笑着对苏迈说："你知道那些典故吗？那噌吰的响声，是周景王无射钟的声音，窾坎镗鞳的响声，是魏庄子歌钟的声音。古人没有欺骗我啊！"

任何事情不用眼睛看不用耳朵听，只凭主观臆断去猜测它的有或没有，可以吗？郦道元所看到的、所听到的，大概和我一样，但是描述不详细；士大夫终究不愿坐小船在夜里的悬崖绝壁下面停泊，所以没有谁能知道；渔人和船夫，虽然知道石钟山命名的真相却不能用文字记载。这就是世上没有流传下来石钟山得名由来的原因。然而浅陋的人竟然用斧头敲打石头来寻求石钟山得名的原因，自以为得到了石钟山命名的真相。我因此记下以上的经过，叹惜郦道元的简略，嘲笑李渤的浅陋。

# 石钟山记

〔宋〕苏 轼

## 原文

《水经》云："彭蠡（lǐ）之口有石钟山焉。"郦（lì）元以为下临深潭，微风鼓浪，水石相搏，声如洪钟。是说也，人常疑之。今以钟磬（qìng）置水中，虽大风浪不能鸣也，而况石乎！至唐李渤始访其遗踪，得双石于潭上，扣而聆之，南声函胡，北音清越，桴（fú）止响腾，余韵徐歇。自以为得之矣。然是说也，余尤疑之。石之铿（kēng）然有声者，所在皆是也，而此独以钟名，何哉？

元丰七年六月丁丑，余自齐安舟行适临汝，而长子迈将赴饶（ráo）之德兴尉，送之至湖口，因得观所谓石钟者。寺僧使小童持斧，于乱石间择其一二扣之，硿（kōng）硿焉，余固笑而不信也。至莫夜月明，独与迈乘小舟，至绝壁下。大石侧立千尺，如猛兽奇鬼，森然欲搏人；而山上栖鹘（hú），闻人声亦惊起，磔（zhé）磔云霄间；又有若老人咳且笑于山谷中者，或曰此鹳（guàn）鹤也。余方心动欲还，而大声发于水上，噌（chēng）吰（hóng）如钟鼓不绝。舟人大恐。徐而察之，则山下皆石穴罅（xià），不知其浅深，微波入焉，涵淡澎湃而为此也。舟回至两山间，将入港口，有大石当中流，可坐百人，空中而多窍，与风水相吞吐，有窾（kuǎn）坎镗（tāng）鞳（tà）之声，与向之噌吰者相应，如乐作焉。因笑谓迈曰："汝识之乎？噌吰者，周景王之无射也；窾坎镗鞳者，魏庄子之歌钟也。古之人不余欺也！"

事不目见耳闻，而臆断其有无，可乎？郦元之所见闻，殆与余同，而言之不详；士大夫终不肯以小舟夜泊绝壁之下，故莫能知；而渔工水师虽知而不能言。此世所以不传也。而陋者乃以斧斤考击而求之，自以为得其实。余是以记之，盖叹郦元之简，而笑李渤之陋也。

## 译文

《水经》说："鄱阳湖的湖口有一座石钟山在那里。"郦道元认为石钟山下面靠近深潭，微风振动波浪，水和石头互相拍打，发出的声音好像大钟一般。这个说法，人们常常怀疑它。如果把钟磬放在水中，即使大风大浪也不能使它发出声响，何况是石头呢！到了唐代李渤才访求石钟山的旧址。在深潭边找到两块山石，敲击它们，聆听它们的声音，南边那座山石的声音重浊而模糊，北边那座山石的声音清脆而响亮，鼓槌停止敲击，声音还在传播，余音慢慢地消失。他自己认为找到了这个石钟山命名的原因。但是这个说法，我更加怀疑。敲击后能发出声响的石头，到处都这样，可唯独这座山用钟来命名，这是为什么呢？

　　元丰七年六月初九，我从齐安坐船到临汝去，大儿子苏迈将要去就任饶州德兴县的县尉，我送他到湖口，因而能够看到所说的石钟山。庙里的和尚让小童拿着斧头，在乱石中间选一两处敲打它，硿硿地发出声响，我当然觉得很好笑并不相信。到了晚上月光明亮，特地和苏迈坐着小船到断壁下面。巨大的山石倾斜地立着，有千尺之高，好像凶猛的野兽和奇异的鬼怪，阴森森地想要攻击人；山上宿巢的老鹰，听到人声也受惊飞起来，在云霄间发出磔磔声响；又有像老人在山谷中咳嗽并且大笑的声音，有人说这是鹳鹤。我正心惊想要回去，忽然巨大的声音从水上发出，声音洪亮像不断地敲钟击鼓。船夫很惊恐。我慢慢地观察，山下都是石穴和缝隙，不知它们有多深，细微的水波涌进那里面，水波激荡因而发出这种声音。船回到两山之间，将要进入港口，有块大石头正对着水的中央，上面可坐百余人，中间是空的，而且有许多窟窿，把清风水波吞进去又吐出来，发出窾坎镗鞳的声音，同先前噌吰的声音相互应和，好像音乐演奏。于是我笑着对苏迈说："你知道那些典故吗？那噌吰的响声，是周景王无射钟的声音，窾坎镗鞳的响声，是魏庄子歌钟的声音。古人没有欺骗我啊！"

　　任何事情不用眼睛看不用耳朵听，只凭主观臆断去猜测它的有或没有，可以吗？郦道元所看到的、所听到的，大概和我一样，但是描述不详细；士大夫终究不愿坐小船在夜里的悬崖绝壁下面停泊，所以没有谁能知道；渔人和船夫，虽然知道石钟山命名的真相却不能用文字记载。这就是世上没有流传下来石钟山得名由来的原因。然而浅陋的人竟然用斧头敲打石头来寻求石钟山得名的原因，自以为得到了石钟山命名的真相。我因此记下以上的经过，叹惜郦道元的简略，嘲笑李渤的浅陋。

# 赤 壁 赋

〔宋〕 苏 轼

　　壬戌(rénxū)之秋，七月既望，苏子与客泛舟游于赤壁之下。清风徐来，水波不兴。举酒属(zhǔ)客，诵明月之诗，歌窈窕之章。少焉，月出于东山之上，徘徊于斗牛之间。白露横江，水光接天。纵一苇之所如，凌万顷之茫然。浩浩乎如冯(píng)虚御风，而不知其所止；飘飘乎如遗世独立，羽化而登仙。

　　于是饮酒乐甚，扣舷而歌之。歌曰："桂棹(zhào)兮兰桨，击空明兮溯流光。渺渺兮予怀，望美人兮天一方。"客有吹洞箫者，倚歌而和之。其声呜呜然，如怨如慕，如泣如诉；余音袅袅，不绝如缕。舞幽壑(hè)之潜蛟，泣孤舟之嫠(lí)妇。

　　苏子愀(qiǎo)然，正襟危坐，而问客曰："何为其然也？"客曰："'月明星稀，乌鹊南飞。'此非曹孟德之诗乎？西望夏口，东望武昌，山川相缪，郁乎苍苍，此非孟德之困于周郎者乎？方其破荆州，下江陵，顺流而东也，舳舻(zhú lú)千里，旌旗蔽空，酾(shī)酒临江，横槊(shuò)赋诗，固一世之雄也，而今安在哉？况吾与子渔樵于江渚之上，侣鱼虾而友麋(mí)鹿，驾一叶之扁(piān)舟，举匏(páo)樽以相属。寄蜉(fú)蝣于天地，渺沧海之一粟。哀吾生之须臾(yú)，羡长江之无穷。挟(xié)飞仙以遨游，抱明月而长终。知不可乎骤得，托遗响于悲风。"

　　苏子曰："客亦知夫水与月乎？逝者如斯，而未尝往也；盈虚者如彼，而卒莫消长也。盖将自其变者而观之，则天地曾不能以一瞬；自其不变者而观之，则物与我皆无尽也，而又何羡乎！且夫天地之间，物各有主，苟非吾之所有，虽一毫而莫取。惟江上之清风，与山间之明月，耳得之而为声，目遇之而成色，取之无禁，用之不竭。是造物者之无尽藏也，而吾与子之所共食。"

　　客喜而笑，洗盏更酌。肴核既尽，杯盘狼籍。相与枕藉乎舟中，不知东方之既白。

　　壬戌年秋，七月十六日，苏轼与友人在赤壁下泛舟游玩。清风阵阵拂来，水面波澜不起。举起酒杯向同伴敬酒，吟诵着与明月有关的文章，歌颂《诗经·窈窕》这一章。不多时，明月从东山后升起，徘徊在斗宿与牛宿之间。白茫茫的雾气笼罩着江面，清泠泠的水光连着天际。任凭小船儿在苍茫万顷的江面上自由飘荡。(我的情思)浩荡,就如同凌空乘风飞去,却不知道在哪里停止,飘飘然如遗弃尘世,超然独立,成为神仙,进入仙境。

这时候喝酒喝得高兴起来,用手叩击着船舷,应声高歌。歌中唱道:"桂木船棹呵香兰船桨,迎击空明的粼波,逆着流水的泛光。我的心怀悠远,仰望伊人在天涯那方。"有吹洞箫的客人,按着节奏为歌声伴和,洞箫呜呜作声:像是怨恨,又像是思慕,像是哭泣,又像是倾诉,尾声凄切、婉转、悠长,如同绵延不断的细丝,能使深谷中的蛟龙为之起舞,孤舟上的寡妇听了落泪。

苏轼的面色忧愁凄怆,(他)整理好衣襟坐端正,向客人问道:"(曲调)为什么这样(悲凉)呢?"同伴回答:"'月明星稀,乌鹊南飞',这不是曹公孟德的诗么?(这里)向西可以望到夏口,向东可以望到武昌,山河接壤连绵不绝,(目力所及)一片苍翠。这不正是曹孟德被周瑜所围困的地方么?当初他攻陷荆州,夺得江陵,沿长江顺流东下,麾下的战船连绵千里,旌旗将天空全都蔽住,在江边持酒而饮,横执矛槊吟诗作赋,委实是当世的一代枭雄,而今天又在哪里呢?何况我与你在江边的水渚上捕鱼砍柴,与鱼虾作伴,与麋鹿为友,(我们)驾着这一叶小舟,举起杯盏相互敬酒。(我们)如同蜉蝣置身于广阔的天地中,像沧海中的一颗粟米那样渺小。(唉,)哀叹我们的一生只是短暂的片刻,(不由)羡慕长江没有穷尽。(我想)与仙人携手遨游各地,与明月相拥而永存世间。(我)知道这些不可能屡屡得到,只得将憾恨化为箫音,托寄在悲凉的秋风中罢了。"

苏轼说:"你可也知道这水与月?不断流逝的就像这江水,其实并没有真正逝去;时圆时缺的就像这月亮,但是最终并没有增加或减少。可见,从事物易变的一面看来,天地间没有一瞬间不发生变化;而从事物不变的一面看来,万物与自己的生命同样无穷无尽,又有什么可羡慕的呢?何况天地之间,凡物各有自己的归属,若不是自己应该拥有的,即令一分一毫也不能求取。只有江上的清风,以及山间的明月,送到耳边便听到声音,进入眼帘便绘出形色,取得这些不会有人禁止,享用这些也不会有竭尽的时候。这是造物者(恩赐)的没有穷尽的大宝藏,你我尽可以一起享用。"

于是同伴高兴地笑了,清洗杯盏重新斟酒。菜肴和果品都被吃完,只剩下桌上的杯碟一片凌乱。(苏子与同伴)在船里互相枕着靠着睡去,不知不觉东方已经亮了。

# 白　洋　潮

〔明〕　张　岱

故事,三江看潮,实无潮看。午后喧传曰:"今年暗涨潮。"岁岁如之。

庚辰八月,吊朱恒岳少师至白洋,陈章侯、祁世培同席。海塘上呼看潮,余遄(chuán)往,章侯、世培踵至。

立塘上,见潮头一线,从海宁而来,直奔塘上。稍近,则隐隐露白,如驱千百群小鹅擘(bò)翼惊飞。渐近,喷沫溅花,蹴(cù)起如百万雪狮,蔽江而下,怒雷鞭之,万首镞镞,无敢后先。再近,则飓(jù)风逼之,势欲拍岸而上。看者辟易,走避塘下。潮到塘,尽力一礴(bó),水击射,溅起数丈,著面皆湿。旋卷而右,龟山一挡,轰怒非常,炝(qiàng)碎龙湫(qiū),半空雪舞。看之惊眩,坐半日,颜始定。

先辈言:浙江潮头,自龛(kān)、赭(zhě)两山漱激而起。白洋在两山外,潮头更大,何耶?

按照旧俗,在三江镇看潮,其实没有潮水可以看。午后有人盛传道:"今年是暗涨潮!"年年像这样。

庚辰年八月,(我)到白洋祭奠朱恒岳少师,与陈章侯、祁世培坐一桌。忽然,海塘上有人高叫看潮了,我迅速前往去看,章侯、世培接踵而至。

站在塘上,远远地看见潮头像一条线,从海宁奔腾而来,一直到塘上。(潮水)渐渐靠近了一点,就隐隐约约露出白色,如同驱赶千百群小鹅张开翅膀拍水飞迸。潮水越来越近,喷出水沫溅起水花,涌起的潮水像百万头雄狮,遮蔽了大江奔流而下,好像有怒雷鞭打它们一样,百万头雪狮攒聚在一起,没有一头不争先恐后的。再近些,潮头像飓风一样逼来,水势将要拍打着岸而上。看的人惊慌后退,跑着躲避到岸下。潮到塘上,尽力一撞,水花冲击射开,溅起几丈高,衣服和脸都湿了。潮水旋转着向右而去,被龟山挡住了,轰隆隆十分愤怒,龙湫之水像炒菜一样翻滚不止,雪白的浪花在半空中飞舞。看了让人惊吓眩目,坐了好一会儿,脸色才镇定下来。

先辈说:"浙江的潮头,从龛、赭两座山冲刷激荡而起。"白洋在这两座山之外,潮头却更大,这是为什么呢?

# 观沧海

〔东汉〕 曹 操

东临碣石，以观沧海。
水何澹澹（dàn），山岛竦峙。
树木丛生，百草丰茂。
秋风萧瑟，洪波涌起。
日月之行，若出其中。
星汉灿烂，若出其里。
幸甚至哉，歌以咏志。

## 译 文

东行登上碣石山，来观赏那苍茫的大海。
海水多么宽阔浩荡，山岛高高地挺立在海中。
树木和百草丛生，十分繁茂，
秋风吹动树木发出悲凉的声音，海中涌着巨大的海浪。
太阳和月亮的运行，好像是从这浩瀚的海洋中发出的。
银河星光灿烂，好像是从这浩瀚的海洋中产生出来的。
我很高兴，就用这首诗歌来表达自己内心的志向。

## 赏析

这首诗借景抒情，把眼前的海上景色和自己的雄心壮志很巧妙地融合在一起。诗的高潮放在末尾，感情非常奔放，思想却很含蓄。不但做到了情景交融，而且做到了情理结合、寓情于景。全诗的基调苍凉慷慨，这也是建安风骨的代表作。

# 饮　酒

〔东晋〕　陶渊明

结庐在人境，而无车马喧。
问君何能尔？心远地自偏。
采菊东篱下，悠然见南山。
山气日夕佳，飞鸟相与还。
此中有真意，欲辩已忘言。

## 译文

居住在人世间，却没有车马的喧嚣。问我为何能如此，只要心志高远，自然就会觉得所处地方僻静了。在东篱之下采摘菊花，悠然间，那远处的南山映入眼帘。山中的气息与傍晚的景色十分好，有飞鸟结着伴儿归来。这里面蕴含着人生的真正意义，想要辨识，却不知怎样表达。

## 赏析

这首诗表达了作者厌倦官场腐败，决心归隐田园，超脱世俗追求的思想。结庐人境，而采菊东篱；身在东篱，而又神驰南山，全篇主旨总在显示"心远"二字。最后两句所说的"真意"在此，"忘言"亦在此。所谓"真意"，其实就是这种"心远"所带来的任意自得的生活意趣；所谓"忘言"，是在陶渊明看来，世间总有那么一些趋炎附势、同流合污的人是无法体验这种生活情趣的！

# 入若耶溪

〔南朝〕 王 籍

艅艎（yú huáng）何泛泛，空水共悠悠。
阴霞生远岫（xiù），阳景逐回流。
蝉噪林逾静，鸟鸣山更幽。
此地动归念，长年悲倦游。

### 译文

我驾着小舟在若耶溪上悠闲地游玩，天空倒映在水中，水天相和，一起荡悠。
晚霞从远处背阳的山头升起，阳光照耀着蜿蜒曲折的水流。
蝉声高唱，树林却显得格外宁静；鸟鸣声声，深山里倒比往常更清幽。
这地方让我生了归隐之心，我因多年来厌倦仕途却没有归隐而悲伤起来。

### 赏析

若耶溪在会稽若耶山下，景色秀丽。这首诗是王籍游若耶溪时创作的，写出若耶溪深幽清净的同时也达到了"动中间静意"的美学效果。

# 鸟鸣涧

〔唐〕 王 维

人闲桂花落，夜静春山空。
月出惊山鸟，时鸣春涧中。

春天夜晚,寂无人声,芬芳桂花,轻轻飘落。青山碧林,更显空寂。明月升起,惊动几只栖息山鸟。清脆鸣叫,长久回荡在空旷山涧。

## 赏析

这首诗描写了诗人内心的娴静,更突出了人与自然的融合。桂树枝叶繁茂,而花瓣细小。花落,尤其是在夜间并不容易觉察。因此,开头"人闲"二字不能轻易看过。"人闲"说明周围没有人事的烦扰,说明诗人内心的娴静。有此作为前提,细微的桂花从枝头落下,才被诗人觉察到了。诗人的心境和春山的环境气氛是互相契合而又互相作用的。

# 咏 柳

〔唐〕 贺知章

**碧玉妆成一树高,万条垂下绿丝绦。**
**不知细叶谁裁出,二月春风似剪刀。**

高高的柳树长满了翠绿的新叶,轻柔的柳枝垂下来,就像万条轻轻飘动的绿色丝带。这细细的嫩叶是谁的巧手裁剪出来的呢?原来是那二月里温暖的春风,它就像一把灵巧的剪刀。

这首诗的结构独具匠心,先写对柳树的总体印象,再写到柳条,最后写柳叶,由总到分,条序井然。在语言的运用上,既流畅,又华美。

# 黄鹤楼送孟浩然之广陵

〔唐〕 李 白

故人西辞黄鹤楼，烟花三月下扬州。
孤帆远影碧空尽，唯见长江天际流。

### 译文

　　朋友向我频频挥手，告别了黄鹤楼，在这柳絮如烟、繁花似锦的阳春三月去扬州远游。
　　友人的孤船帆影渐渐地远去，消失在碧色天空的尽头，只看见一线长江，向邈远的天际奔流。

### 赏析

　　这首诗是李白出蜀壮游期间的作品，既写出诗人送别友人时无限依恋的感情，也写出祖国河山的壮丽美好。

## 江畔独步寻花·其六

〔唐〕 杜甫

黄四娘家花满蹊，千朵万朵压枝低。
留连戏蝶时时舞，自在娇莺恰恰啼。

### 译文

黄四娘家花儿茂盛把小路遮蔽，万千花朵压弯枝条离地低又低。
眷恋芬芳花间彩蝶时时在飞舞，自由自在娇软黄莺恰恰欢声啼。

### 赏析

这首诗记叙了在黄四娘家赏花时的场面和感触，描写草堂周围烂漫的春光，表达了对美好事物的热爱之情和适意之怀。春花之美、人与自然的亲切和谐，都跃然纸上。

## 渔歌子

〔唐〕 张志和

西塞山前白鹭飞，桃花流水鳜鱼肥。
青箬笠，绿蓑衣，斜风细雨不须归。

### 译文

西塞山前白鹭在自由地翱翔，江水中，肥美的鳜鱼欢快地游着，漂浮在水中的桃花是那样的鲜艳而饱满。江岸边一位老翁戴着青色的箬笠，披着绿色的蓑衣，冒着斜风细雨，悠然自得地垂钓，他被美丽的春景迷住了，连下了雨都不回家。

## 赏析

这首诗体现的是渔父与自然的另一种和谐。此词在秀丽的水乡风光和理想化的渔人生活中,寄托了作者爱自由、爱自然的情怀。词中更吸引读者的不是一蓑风雨,从容自适的渔父,而是江乡二月桃花汛期间春江水涨、烟雨迷蒙的图景。雨中青山,江上渔舟,天空白鹭,两岸红桃,色泽鲜明但又显得柔和,气氛宁静但又充满活力,而这既体现了作者的艺术匠心,也反映了他高远、悠然脱俗的意趣。

# 夜 雨 寄 北

〔唐〕 李商隐

**君问归期未有期,巴山夜雨涨秋池。**
**何当共剪西窗烛,却话巴山夜雨时。**

## 译文

您问归期,归期实难说准,巴山连夜暴雨,涨满秋池。
何时归去,共剪西窗烛花,当面诉说,巴山夜雨况味。

## 赏析

这是一首脍炙人口的小诗,是诗人身居遥远的异乡巴蜀之地写给他在长安的妻子的诗。诗写得明白如话,不用典故,不用比兴,直书其事,直写其景,直叙其话;寓情于景,情景交融,蕴无限深情于质朴无华的词语之中,给人留下无穷的回味余地。

# 江 南 春

〔唐〕 杜 牧

**千里莺啼绿映红,水村山郭酒旗风。**
**南朝四百八十寺,多少楼台烟雨中。**

江南大地鸟啼声声绿草红花相映,水边村寨山麓城郭处处酒旗飘动。
南朝遗留下的四百八十多座古寺,无数的楼台全笼罩在风烟云雨中。

这首《江南春》,千百年来素负盛誉。四句诗,既写出了江南春景的丰富多彩,也写出了它的广阔、深邃和迷离。

# 暮 江 吟

〔唐〕 白居易

**一道残阳铺水中,半江瑟瑟半江红。**
**可怜九月初三夜,露似真珠月似弓。**

### 译 文

一道残阳铺在江面上,江水在阳光的照射下,波光粼粼,金光闪闪。江水一半呈现出深深的碧绿,一半呈现出殷红。更让人怜爱的是九月凉露下降的初月夜,滴滴清露就像粒粒珍珠一般,一弯新月仿佛是一张精致的弓。

**赏析**

这首七绝是一首写景佳作。语言清丽流畅,格调清新,绘影绘色,细致真切。诗人选取了红日西沉到新月东升这一段时间里的两组景物进行描写,运用了新颖巧妙的比喻,创造出和谐、宁静的意境。全篇用"可怜"二字表达出诗人内心深处的情思和对大自然的热爱。其写景之微妙,历来备受世人称道。

## 滁州西涧

〔唐〕 韦应物

独怜幽草涧边生,上有黄鹂深树鸣。
春潮带雨晚来急,野渡无人舟自横。

**译文**

最是喜爱涧边生长的幽幽野草,还有那树丛深处婉转啼唱的黄鹂。春潮不断上涨,还夹带着密密细雨。荒野渡口无人,只有一只小船悠闲地横在水面。

**赏析**

这是一首写景的小诗,描写诗人春游滁州西涧赏景和晚潮带雨的野渡所见。首两句写春景、爱幽草而轻黄鹂,以喻乐守节,而嫉高媚;后两句写带雨春潮之急,和水急舟横的景象,蕴含一种不在其位、不得其用的无可奈何之忧伤。全诗表露了诗人恬淡的胸襟和忧伤之情怀。

## 春 日

〔宋〕 朱熹

胜日寻芳泗水滨,无边光景一时新。
等闲识得东风面,万紫千红总是春。

风和日丽游春在泗水之滨,无边无际的风光焕然一新。谁都可以看出春天的面貌,春风吹得百花开放、万紫千红,到处都是春天的景致。

**赏 析**

从字面上看,这首诗好像是写诗人游春观感,但细究寻芳的地点是泗水之滨,而此地在宋南渡时早被金人侵占。朱熹未曾北上,当然不可能在泗水之滨游春吟赏。其实诗中的"泗水"暗指孔门,因为春秋时孔子曾在洙、泗之间弦歌讲学,教授弟子。因此所谓"寻芳"即是指求圣人之道。"万紫千红"喻孔学的丰富多彩。诗人将圣人之道比作催发生机、点燃万物的春风。这其实是一首寓理趣于形象之中的哲理诗。

# 临安春雨初霁

〔宋〕 陆 游

**世味年来薄似纱,谁令骑马客京华。**
**小楼一夜听春雨,深巷明朝卖杏花。**
**矮纸斜行闲作草,晴窗细乳戏分茶。**
**素衣莫起风尘叹,犹及清明可到家。**

近年来做官的兴味淡淡的像一层薄纱,谁又让我乘马来到京都作客沾染繁华?住在小楼听尽了一夜的春雨淅沥滴答,清早听到小巷深处有叫卖杏花声。铺开小纸从容地斜写行行草草,字字有章法,晴日窗前细细地煮水、沏茶、撇沫,试着品名茶。呵,不要叹息那京都的尘土会弄脏洁白的衣衫,清明时节还来得及回到镜湖边的山阴故家。

**赏 析**

这是陆游晚年时期所作的七言律诗。诗开篇即以问句的形式表达世态炎凉的无奈和客籍京华的蹉跎,直抒胸臆,情感喷薄,整首诗的情绪在开篇即达到高潮,后面三联逐渐回落。无论是夜不能寐听春雨,天明百无聊赖"作草""分茶",还是自我安慰说"清明可到家",都是开篇两句的注脚,都是本已厌倦官场却又客籍京华的无奈之举。整首诗在情思的气势上由高到低,而又浑然一体。

## 如梦令·昨夜雨疏风骤

〔宋〕 李清照

昨夜雨疏风骤,浓睡不消残酒。
试问卷帘人,却道海棠依旧。
知否,知否?应是绿肥红瘦。

昨天夜里雨点虽然稀疏,但是风却使劲吹个不停,我酣睡一夜,然而醒来之后依然觉得还有一点酒意没有消尽。于是就问正在卷帘的侍女,外面的情况如何,她只对我说海棠花依旧如故。知道吗?知道吗?应是绿叶繁茂,红花凋零。

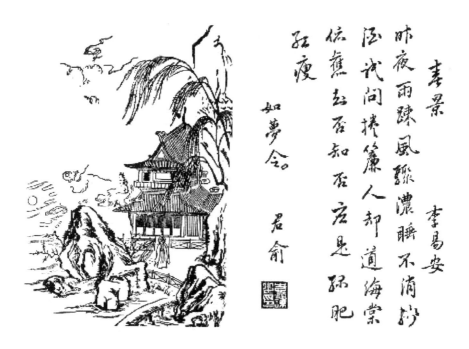

这首小词，只有短短六句三十三字，却写得曲折委婉，极有层次。词人因惜花而痛饮，因情知花谢却又抱一丝侥幸心理而"试问"，因不相信"卷帘人"的回答而再次反问，如此层层转折，步步深入，将惜花之情表达得摇曳多姿。

# 饮湖上初晴后雨二首·其二

〔宋〕 苏 轼

**水光潋滟晴方好，山色空蒙雨亦奇。**
**欲把西湖比西子，淡妆浓抹总相宜。**

在灿烂的阳光照耀下，西湖水微波粼粼，波光艳丽，看起来很美；雨天时，在雨幕的笼罩下，西湖周围的群山迷迷茫茫，若有若无，也显得非常奇妙。若把西湖比作美女西施，淡妆浓抹都是那么适宜。

这首诗概括性很强，它不是描写西湖的一处之景、一时之景，而是对西湖美景的全面评价。这首诗的流传，为西湖的景色增添了光彩，也表达了作者对西湖的喜爱。

# 晓出净慈寺送林子方

〔宋〕 杨万里

毕竟西湖六月中，风光不与四时同。
接天莲叶无穷碧，映日荷花别样红。

到底是西湖六月天的景色，风光与其他季节确实不同。
荷叶接天望不尽一片碧绿，阳光下荷花分外艳丽鲜红。

这是一首描写杭州西湖六月美丽景色的诗。全诗通过对西湖美景的赞美，曲折地表达对友人深切地眷恋。

# 天净沙·秋思

〔元〕 马致远

枯藤老树昏鸦，小桥流水人家，古道西风瘦马。
夕阳西下，断肠人在天涯。

天色黄昏，一群乌鸦落在枯藤缠绕的老树上，发出凄厉的哀鸣。
小桥下流水哗哗作响，小桥边庄户人家炊烟袅袅。
古道上一匹瘦马，顶着西风艰难地前行。
夕阳渐渐地失去了光泽，从西边落下。
凄寒的夜色里，只有孤独的旅人漂泊在遥远的地方。

## 赏析

这首小令很短,一共只有五句二十八个字,全曲无一秋字,但却描绘出一幅凄凉动人的秋郊夕照图,并且准确地传达出旅人凄苦的心境。这首被赞为秋思之祖的成功曲作,从多方面体现了中国古典诗歌的艺术特征。

# 山坡羊·骊(lí)山怀古

〔元〕 张养浩

骊山四顾,阿房一炬,当时奢侈今何处?只见草萧疏,水萦纡(yū)。至今遗恨迷烟树。列国周齐秦汉楚。赢,都变做了土;输,都变做了土。

## 译文

站在骊山上我四处张望,(雄伟瑰丽的)阿房宫已被付之一炬,当年奢侈的场面现在到哪里去了呢?只见衰草萧疏,水波旋绕。到现在那些遗恨已消失在烟雾弥漫的树林中了。(想想)自周、齐、秦、汉、楚等国至今,那些战胜了的国家,都化作土;(那些)战败了的国家,(也)都化作土。

## 赏析

这首曲为张养浩途经骊山时有所感而创作的一首散曲,六七句讽刺后人都已遗忘了前朝败亡的教训,结尾两句显示了一位文人对历史兴亡的大彻大悟。

# 山中杂感

冰 心

　　溶溶的水月,螭(chī)头上只有她和我。树影里对面水边,隐隐的听见水声和笑语。我们微微的谈着,恐怕惊醒了这浓睡的世界。——万籁无声,月光下只有深碧的池水,玲珑雪白的衣裳。这也只是无限之生中的一刹那顷!然而无限之生中,哪里容易得这样的一刹那顷!

　　夕照里,牛羊下山了,小蚁般缘走在青岩上。绿树丛颠的嫩黄叶子,也衬在红墙边。——这时节,万有都笼盖在寂寞里,可曾想到北京城里的新闻纸上,花花绿绿的都载的是什么事?

　　只有早晨的深谷中,可以和自然对语。计划定了,岩石点头,草花欢笑。造物者呵!我们星驰的前途,路站上,请你再遥遥的安置下几个早晨的深谷!

　　陡绝的岩上,树根盘结里,只有我俯视一切。——无限的宇宙里,人和物质的山,水,远村,云树,又如何比得起?然而人的思想可以超越到太空里去,它们却永远只在地面上。

一九二一年六月二十日,在西山<br>(本篇最初发表于北京《晨报》1921年6月25日)

【作者简介】　冰心(1900—1999),女,原名谢婉莹,福建长乐人,诗人,现代作家、翻译家、儿童文学作家、社会活动家、散文家。笔名冰心取自"一片冰心在玉壶"。主要作品有《小橘灯》《繁星·春水》《再寄小读者》等。

# 三棵银杏树

## 叶圣陶

我家屋后有一片空地,十丈见方,前边和右边沿着河,左边是人家的墙。三棵银杏树站在那里。一棵靠着右边,把影子投到河里。两棵在中央,像两个亲密的朋友,手牵着手,肩并着肩。

三棵银杏树有多大的年纪了,没有人知道。父亲说,他小时候,树就这么高这么大了,经过了三十年的岁月,似乎还是这么高这么大。

三棵树的主干都很直,支干也是直的多,偶然有几支屈曲得很古怪,像画上画的。每年冬天,赤裸的支干上生出无数小粒。这些小粒渐渐长大,最后像牛的奶头。

到了春天,绿叶从奶头似的地方伸展出来。我们欢喜地说:"银杏树又穿上新衣裳了!"空地上有了这广大的绿荫,成了最好的游戏场所,我们在那里赛跑,唱歌,扮演戏剧。经过的船常常停泊在右边那一棵的绿荫下面,摇船的歇口气吸一管烟,或者煮一锅饭,这时候,一缕缕烟就袅袅地升起来了。

银杏树的花太小了,很容易被人忽略。去年秋天,我一边拾银杏果,一边问父亲:"银杏树为什么不开花?"父亲笑着说:"不开花哪儿来的果?待来春留心看吧。"今年春天,我看见了银杏树的花了,那是很可爱的白里带点儿淡黄的小花。

说起银杏果,不由得想起"烫手罗,热白果"的叫卖声来:白果是银杏的种子,炒热了,剥掉壳,去了衣,就是绿玉一般的一颗仁,虽然不甜,却有一种特别的清味,我们都喜欢吃。

秋风阵阵地吹,折扇形的黄叶落得满地。风把地上的黄叶吹起来,我们拍手叫道:"一群黄蝴蝶飞起来了!"等到黄叶落尽,三棵老树又赤裸裸的了。屈曲得很古怪的支干上偶然有一两只鹰停在那里,好久好久不动一动,衬着天空的背景,正像一幅古画。

【作者简介】 叶圣陶(1894—1988),男,原名叶绍钧,字秉臣、圣陶,江苏苏州人,现代作家、教育家、文学出版家和社会活动家,有"优秀的语言艺术家"之称。主要作品有《稻草人》《倪焕之》等。

# 江南的冬景

## 郁达夫

  凡在北国过过冬天的人，总都道围炉煮茗，或吃煊（xuān）羊肉、剥花生米、饮白干的滋味。而有地炉、暖炕等设备的人家，不管它门外面是雪深几尺，或风大若雷，而躲在屋里过活的两三个月的生活，却是一年之中最有劲的一段蛰（zhé）居异境；老年人不必说，就是顶喜欢活动的小孩子们，总也是个个在怀恋的，因为当这中间，有的萝卜、雅儿梨等水果的闲食，还有大年夜，正月初一元宵等热闹的节期。

  但在江南，可又不同；冬至过后，大江以南的树叶，也不至于脱尽。寒风——西北风间或吹来，至多也不过冷了一日两日。到得灰云扫尽，落叶满街，晨霜白得像黑女脸上的脂粉似的。清早，太阳一上屋檐，鸟雀便又在吱叫，泥地里便又放出水蒸气来，老翁小孩就又可以上门前的隙地里去坐着曝背谈天，营屋外的生涯了；这一种江南的冬景，岂不也可爱得很么？

  我生长在江南，儿时所受的江南冬日的印象，铭刻特深；虽则渐入中年，又爱上了晚秋，以为秋天正是读读书，写写字的人的最惠节季，但对于江南的冬景，总觉得是可以抵得过北方夏夜的一种特殊情调，说得摩登些，便是一种明朗的情调。

  我也曾到过闽粤，在那里过冬天，和暖原极和暖，有时候到了阴历的年边，说不定还不得不拿出纱衫来着；走过野人的篱落，更还看得见许多杂七杂八的秋花！一番阵雨雷鸣过后，凉冷一点；至多也只好换上一件夹衣，在闽粤之间，皮袍棉袄是绝对用不着的；这一种极南的气候异状，并不是我所说的江南的冬景，只能叫它作南国的长春，是春或秋的延长。

  江南的地质丰腴（yú）而润泽，所以含得住热气，养得住植物；因而长江一带，芦花可以到冬至而不败，红时也有时候会保持住三个月以上的生命。像钱塘江两岸的乌桕树，则红叶落后，还有雪白的桕（jiù）子着在枝头，一点一丛，用照相机照将出来，可以乱梅花之真。草色顶多成了赭（zhě）色，根边总带点绿意，非但野火烧不尽，就是寒风也吹不倒。若遇到风和日暖的午后，你一个人肯上冬郊去走走，则青天碧落之下，你不但感不到岁时的肃杀，并且还可以饱觉着一种莫名其妙的含蓄在那里的生气；"若是冬天来了，春天也总马上会来"的诗人的名句，只有在江南的山野里，最容易体会得出。

  说起了寒郊的散步，实在是江南的冬日，所给与江南居住者的一种特异的恩惠；在北方的冰天雪地里生长的人，是终他的一生，也决不会有享受这一种清福的机会的。我不知道德国的冬天，比起我们江浙来如何，但从许多作家的喜欢以Spaziergang一字来做他们的创造题目的一点看来，大约是德国南部地方，四季的变迁，总也和我们的江南差仿不多。譬如说十九世纪的那位乡土诗人洛在格（Peter Rosegger, 1843—1918）罢，他用这一个"散步"做题目的文章尤其写得多，而所写的情形，却又是大半可以拿到中国江浙的山区地方来适用的。

　　江南河港交流，且又地滨大海，湖沼特多，故空气里时含水分；到得冬天，不时也会下着微雨，而这微雨寒村里的冬霖景象，又是一种说不出的悠闲境界。你试想想，秋收过后，河流边三五家人家会聚在一道的一个小村子里，门对长桥，窗临远阜，这中间又多是树枝槎(chá)桠的杂木树林；在这一幅冬日农村的图上，再洒上一层细得同粉也似的白雨，加上一层淡得几不成墨的背景，你说还够不够悠闲？若再要点景致进去，则门前可以泊一只乌篷小船，茅屋里可以添几个喧哗的酒客，天垂暮了，还可以加一味红黄，在茅屋窗中画上一圈暗示着灯光的月晕。人到了这一个境界，自然会得胸襟洒脱起来，终至于得失俱亡，死生不问了；我们总该还记得唐朝那位诗人做的"暮雨潇潇江上村"的一首绝句罢？诗人到此，连对绿林豪客都客气起来了，这不是江南冬景的迷人又是什么？

　　一提到雨，也就必然的要想到雪："晚来天欲雪，能饮一杯无？"自然是江南日暮的雪景。"寒沙梅影路，微雪酒香村"，则雪月梅的冬宵三友，会合在一道，在调戏酒姑娘了。"柴门闻犬吠，风雪夜归人"，是江南雪夜，更深人静后的景况。"前村深雪里，昨夜一枝开"又到了第二天的早晨，和狗一样喜欢弄雪的村童来报告村景了。诗人的诗句，也许不尽是在江南所写，而做这几句诗的诗人，也许不尽是江南人，但假了这几句诗来描写江南的雪景，岂不直截了当，比我这一枝愚劣的笔所写的散文更美丽得多？

　　有几年，在江南，在江南也许会没有雨没有雪的过一个冬，到了春间阴历的正月底或二月初再冷一冷下一点春雪的；去年（一九三四）的冬天是如此，今年的冬天恐怕也不得不然，以节气推算起来，大约太冷的日子，将在一九三六年的二月尽头，最多也总不过是七八天的样子。像这样的冬天，乡下人叫作旱冬，对于麦的收成或者好些，但是人口却要受到损伤；旱得久了，白喉，流行性感冒等疾病自然容易上身，可是想恣意享受江南的冬景的人，在这一种冬天，倒只会得到快活一点，因为晴和的日子多了，上郊外去闲步逍遥的机会自然也多；日本人叫作Hiking，德国人叫作Spaziergang。狂者，所最欢迎的也就是这样的冬天。

　　窗外的天气晴朗得像晚秋一样；晴空的高爽，日光的洋溢，引诱得使你在房间里坐不住，空言不如实践，这一种无聊的杂文，我也不再想写下去了，还是拿起手杖，搁下纸笔，上湖上散散步罢！

**【作者简介】** 郁达夫(1896—1945)，男，原名郁文，字达夫，幼名阿凤，浙江富阳人，中国现代作家、革命烈士。郁达夫是新文学团体"创造社"的发起人之一，一位为抗日救国而殉难的爱国主义作家。在文学创作的同时，还积极参加各种反帝抗日组织，先后在上海、武汉、福州等地从事抗日救国宣传活动，其文学代表作有《怀鲁迅》《沉沦》《故都的秋》《春风沉醉的晚上》《过去》《迟桂花》等。

# 五月的青岛

## 老 舍

因为青岛的节气晚，所以樱花照例是在四月下旬才能盛开。樱花一开，青岛的风雾也挡不住草木的生长了。海棠，丁香，桃，梨，苹果，藤萝，杜鹃，都争着开放，墙角路边也都有了嫩绿的叶儿。五月的岛上，到处花香，一清早便听见卖花声。公园里自然无须说了，小蝴蝶花与桂竹香们都在绿草地上用它们的娇艳的颜色结成十字，或绣成儿团；那短短的绿树篱上也开着一层白花，似绿枝上挂了一层春雪。就是路上两旁的人家也少不得有些花草；围墙既矮，藤萝往往顺着墙把花穗儿悬在院外，散出一街的香气；那双樱，丁香，都能在墙外看到，双樱的明艳与丁香的素丽，真是足以使人眼明神爽。

山上有了绿色，嫩绿，所以把松柏们比得发黑了一些。谷中不但填满了绿色，而且颇有些野花，有一种似紫荆而色儿略略发蓝的，折来很好插瓶。

青岛的人怎能忘下海呢。不过，说也奇怪，五月的海就仿佛特别的绿，特别的可爱，也许是因为人们心里痛快吧。看一眼路旁的绿叶，再看一眼海，真的，这才明白了什么叫做"春深似海"。绿，鲜绿，浅绿，深绿，黄绿，灰绿，各种的绿色，连接着，交错着，变化着，波动着，一直绿到天边，绿到山脚，绿到渔帆的外边去。风不凉，浪不高，船缓缓的走，燕低低的飞，街上的花香与海上的咸味混到一处，浪漾在空中，水在面前，而绿意无限，可不是，春深似海！欢喜，要狂歌，要跳入水中去，可是只能默默无言，心好像飞到天边上那将将能看到的小岛上去，一闭眼仿佛还看见一些桃花。人面桃花相映红，必定是在那小岛上。

这时候，遇上风与雾便还须穿上棉衣，可是有一天忽然响晴，夹衣就正合适。但无论怎说吧，人们反正都放了心——不会大冷了，不会。妇女们最先知道这个，早早的就穿出利落的新装，而且决定不再脱下去。海岸上，微风吹动少女们的发与衣，何必再会到电影园中找那有画意的景儿呢！这里是初春浅夏的合响，风里带着春寒，而花草山水又似初夏，意在春而景如夏，姑娘们总先走一步，迎上前去，跟花们竞争一下，女性的伟大几乎不是颓废诗人所能明白的。

人似乎随着花草都复活了，学生们特别的忙：换制服，开运动会，到崂山丹山旅行，服劳役。本地的学生忙，别处的学生也来参观，几个，几十，几百，打着旗子来了，又成着队走开，男的，女的，先生，学生，都累得满头是汗，而仍不住地向那大海丢眼。学生以外，该数小孩最快活，笨重的衣服脱去，可以到公园跑跑了；一冬天不见猴子了，现在又带着花生去喂猴子，看鹿。拾花瓣，在草地上打滚；妈妈说了，过几天还有大红樱桃吃呢！

马车都新油饰过，马虽依然清瘦，而车辆体面了许多，好做一夏天的买卖呀。新油过的马车穿过街心，那专做夏天的生意的咖啡馆，酒馆，旅社，饮冰室，也找来油漆匠，扫去灰尘，油饰一新。油漆匠在脚手架上忙，路旁也增多了由各处来的舞女。预备呀，忙碌呀，都红着眼等着那避暑的外国战舰与各处的阔人。多咱浴场上有了人影与小艇,生意便比花草还茂盛呀。到那时候,青岛几乎不属于青岛的人了,谁的钱多谁更威风,汽车的眼是不会看山水的。

那么,且让我们自己尽量的欣赏五月的青岛吧!

(载1937年6月16日《宇宙风》第43期)

【作者简介】 老舍(1899—1966),原名舒庆春,字舍予,北京满族正红旗人。中国现代小说家、作家、语言大师、人民艺术家,新中国第一位获得"人民艺术家"称号的作家。代表作有长篇小说《骆驼祥子》《四世同堂》和话剧《茶馆》。

# 扬州的夏日

## 朱自清

扬州从隋炀帝以来,是诗人文士所称道的地方;称道的多了,称道得久了,一般人便也随声附和起来。直到现在,你若向人提起扬州这个名字,他会点头或摇头说:"好地方!好地方!"特别是没去过扬州而念过些唐诗的人,在他心里,扬州真像蜃楼海市一般美丽;他若念过《扬州画舫录》一类书,那更了不得了。但在一个久住扬州像我的人,他却没有那么多美丽的幻想,他的憎恶也许掩住了他的爱好;他也许离开了三四年并不去想它。若是想呢,——你说他想什么?女人,不错,这似乎也有名,但怕不是现在的女人吧?——他也只会想着扬州的夏日,虽然与女人仍然不无关系的。

北方和南方一个大不同,在我看,就是北方无水而南方有。诚然,北方今年大雨,永定河、大清河甚至决了堤防,但这并不能算是有水;北平的三海和颐和园虽然有点儿水,但太平衍了,一览而尽,船又那么笨头笨脑的。有水的仍然是南方。扬州的夏日,好处大半便在水上——有人称为"瘦西湖",这个名字真是太"瘦"了,假西湖之名以行,"雅得这样俗",老实说,我是不喜欢的。下船的地方便是护城河,曼衍开去,曲曲折折,直到平山堂,——这是你们熟悉的名字——有七八里河道,还有许多杈杈桠桠的支流。这条河其实也没有顶大的好处,只是曲折而有些幽静,和别处不同。

沿河最著名的风景是小金山,法海寺,五亭桥;最远的便是平山堂了。金山你们是知道的,小金山却在水中央。在那里望水最好,看月自然也不错——可是我还不曾有过那样福气。"下河"的人十之九是到这儿的,人不免太多些。法海寺有一个塔,和北海的一样,据说是乾隆皇帝下江南,盐商们连夜督促匠人造成的。法海寺著名的自然是这个塔,但还有一桩,你们猜不着，是红烧猪头。夏天吃红烧猪头，在理论上也许不甚相宜，可是在实际上，挥汗吃着，倒也不坏的。五亭桥如名字所示，是五个亭子的桥。桥是拱形，中一亭最高，两边四亭，参差相称；最宜远看，或看影子，也好。桥洞颇多，乘小船穿来穿去，另有风味。

平山堂在蜀冈上。登堂可见江南诸山淡淡的轮廓，"山色有无中"一句话，我看是恰到好处，并不算错。这里游人较少，闲坐在堂上，可以永日。沿路光景，也以闲寂胜。从天宁门或北门下船。蜿蜒的城墙，在水里倒映着苍黝的影子，小船悠然地撑过去，岸上的喧扰像没有似的。

船有三种：大船专供宴游之用，可以挟妓或打牌。小时候常跟了父亲去，在船里听着谋得利洋行的唱片。现在这样乘船的大概少了吧？其次是"小划子"，真像一瓣西瓜，由一个男人或女人用竹篙(gāo)撑着。乘的人多了，便可雇两只，前后用小凳子跨着：这也可算得"方舟"了。后来又有一种"洋划"，比大船小，比"小划子"大，上支布篷，可以遮日遮雨。"洋划"渐渐地多，大船渐渐地少，然而"小划子"总是有人要的。这不独因为价钱最贱，也因为它的伶俐。一个人坐在船中，让一个人站在船尾上用竹篙一下一下地撑着，简直是一首唐诗，或一幅山水画。而有些好事的少年，愿意自己撑船，也非"小划子"不行。"小划子"虽然便宜，却也有些分别。譬如说，你们也可想到的，女人撑船总要贵些，姑娘撑的自然更要贵喽。这些撑船的女子，便是有人说过的"瘦西湖上的船娘"。船娘们的故事大概不少，但我不很知道。据说以乱头粗服，风趣天然为胜；中年而有风趣，也仍然算好。可是起初原是逢场作戏，或尚不伤廉惠，以后居然有了价格，便觉意味索然了。

北门外一带，叫做下街，"茶馆"最多，往往一面临河。船行过时，茶客与乘客可以随便招呼说话。船上人若高兴时，也可以向茶馆中要一壶茶，或一两种"小笼点心"，在河中喝着，吃着，谈着。回来时再将茶壶和所谓小笼，连价款一并交给茶馆中人。撑船的都与茶馆相熟，他们不怕你白吃。扬州的小笼点心实在不错？我离开扬州，也走过七八处大大小小的地方，还没有吃过那样好的点心，这其实是值得惦记的。茶馆的地方大致总好，名字也颇有好的。如香影廊，绿杨村，红叶山庄，都是到现在还记得的。绿杨村的幌子，挂在绿杨树上，随风飘展，使人想起"绿杨城郭是扬州"的名句。里面还有小池，丛竹，茅亭，景物最幽。这一带的茶馆布置都历落有致，迥非上海、北平方方正正的茶楼可比。

"下河"总是下午，傍晚回来，在暮霭朦胧中上了岸，将大褂折好搭在腕上，一手微微摇着扇子，这样进了北门或天宁门走回家中。这时候可以念"又得浮生半日闲"那一句诗了。

（原载1929年12月11日《白华旬刊》第4期）

【作者简介】 朱自清(1898—1948)，原名自华，字佩弦，号秋实。原籍浙江绍兴，生于江苏东海，长大于江苏扬州，故称"我是扬州人"。中国现代诗人、散文作家。主要作品有《雪朝》《踪迹》《背影》《春》《欧游杂记》等。

# 雷 雨 前

## 茅 盾

　　清早起来，就走到那座小石桥上。摸一摸桥石，竟象还带点热。昨天整天里没有一丝儿风。晚快边响了一阵子干雷，也没有风，这一夜就闷得比白天还厉害。天快亮的时候，这桥上还有两三个人躺着，也许就是他们把这些石头又困得热烘烘。

　　满天里张着个灰色的幔（màn），看不见太阳，然而太阳的威力好象透过了那灰色的幔，直逼着你头顶。

　　河里连一滴水也没有了，河中心的泥土也裂成乌龟壳似的。田里呢，早就象开了无数的小沟，——有两尺多阔的，你能说不象沟么？那些苍白色的泥土，干硬得就跟水门汀差不多。好象它们过了一夜工夫还不曾把白天吸下去的热气吐完，这时它们那些扁长的嘴巴里似乎有白烟一样的东西往上冒。

　　站在桥上的人就同浑身的毛孔全都闭住，心口泛淘淘，象要呕出什么来。

　　这一天上午，天空老正着那灰色的幔，没有一点点漏洞，也没有动一动。也许幔外边有的是风，但我们罩在这幔里的，把鸡毛从桥头抛下去，也没见他飘飘扬扬踱方步。就跟住在抽出了空气的大筒里似的，人张开两臂用力行一次深呼吸，可是吸进来只是热辣辣的一股闷。

　　汗呢，只管钻出来，钻进来，可是胶水一样，胶得你浑身不爽快，象结了一层壳。

　　午后三点钟光景，人象快要干死的鱼，张开了一张嘴，忽然天空那灰色的幔裂了一条缝，不折不扣一条缝！象明晃晃的刀口在这幔上划过。然儿划过了，幔又合拢，跟没有划过一样，透不进一丝儿风。一会儿，长空一闪，又是那灰色的幔裂了一次缝。然而中什么用？

　　象有一只巨人的手拿着明晃晃的大刀在外边想挑破那灰色的幔，像是巨人已在咆哮发怒越来越紧了，一闪一闪满天空瞥（piē）过那大刀的光亮，隆隆隆，幔外边来了巨人的愤怒的吼声！

　　猛可地闪光和吼声都没有了，还是一张密不通风的灰色的幔。

　　空气比以前加倍闷！那幔比以前加倍厚！天加倍黑！

　　你会猜想这时那幔外边的巨人在揩着汗，歇一口气，你断得定他还要进攻。你焦躁地等着，等着那挑破灰色幔的大刀的一闪电光，那隆隆隆的怒吼声。

　　可是你等着，等着，却等来了苍蝇。它们从龌龊（wò chuò）的地方飞出来，嗡嗡嗡的，绕住你，钉你的涂一层胶似的皮肤。戴红顶子像个大员模样的金苍蝇刚从粪坑里吃饱了来，专拣你的鼻子尖上蹲。

　　也等来了蚊子。哼哼哼地，像老和尚念经，或者老秀才读古文。苍蝇给你传染病，蚊子却老是要喝你的血呢！

　　你跳起来拿着蒲扇乱扑，可是赶走了这一边的，那一边又是一大群乘隙进攻。你大声叫喊，它们只回答你个哼哼哼，嗡嗡嗡！

外边树梢头的蝉儿却在那里唱高调："要死呦，要死呦！"

你汗也流尽了，嘴里干得象烧，你手里也软了，你会觉得世界末日也不会比这再坏！

然而猛可地电光一闪，照得屋角里都雪亮。幔外边的巨人一下子把那灰色的幔扯得粉碎了！轰隆隆，轰隆隆，他胜利地叫着。胡——胡——挡在幔外边整整两天的风开足了超高速度扑来了！蝉儿噤声，苍蝇逃走，蚊子躲起来，人身上象剥落了一层壳那么爽。

霍！霍！霍！巨人的刀光在长空飞舞。

轰隆隆，轰隆隆，再急些！再响些吧！

让大雷雨冲洗出个干净清凉的世界！

**【作者简介】** 茅盾(1896—1981)，原名沈德鸿，笔名茅盾，字雁冰，浙江省嘉兴市桐乡市人。中国现代著名作家、文学评论家、文化活动家以及社会活动家。主要作品有小说《子夜》《春蚕》和文学评论《夜读偶记》等。

# 巷

## 柯　灵

巷，是城市建筑艺术中一篇飘逸恬静的散文，一幅古雅冲淡的图画。

这种巷，常在江南的小城市中，有如古代的少女，躲在僻静的深闺，轻易不肯抛头露面。你要在这种城市里住久了，和它真正成了莫逆，你才有机会看见她，接触到她优娴贞静的风度。它不是乡村的陋巷，湫隘破败，泥泞坎坷，杂草乱生，两旁还排列着错落的粪缸。它也不是上海的里弄，鳞次栉(zhì)比的人家，拥挤得喘不过气；小贩憧憧(chōng)来往，黝黯的小门边，不时走出一些跶(tā)着拖鞋的女子，头发乱似临风飞舞的秋蓬，眼睛里网满红丝，脸上残留着不调和的隔夜脂粉，颓然地走到老虎灶上去提水。也不像北地的胡同，满目尘土，风起处刮着弥天的黄沙。

这种小巷，隔绝了市廛(chán)的红尘，却又不是乡村风味。它又深又长，一个人耐心静静走去，要老半天才走完。它又这么曲折，你望着前面，好像已经堵塞了，可是走了过去，一转弯，依然是巷陌深深，而且更加幽静。那里常是寂寂的，寂寂的，不论什么时候，你向巷中踅去，都如宁静的黄昏，可以清晰地听到自己的足音。不高不矮的围墙挡在两边，斑斑驳驳的苔痕，墙上挂着一串串苍翠欲滴的藤萝，简直像古朴的屏风。墙里常是人家的竹园，修竹森森，天籁细细，春来时还常有几枝娇艳的桃花杏花，娉娉(pīng)婷婷，从墙头殷勤地摇曳红袖，向行人招手。走过几家墙门，都是紧紧地关着，不见一个人影，因为那都是人家的后门。偶然躺着一只狗，但是决不会对你猜猜地狂吠。

小巷的动人处就是它无比的悠闲。无论谁，只要你到巷里去踯躅(zhí zhú)一会儿，你的心情就会如巷尾不波的古井，那是一种和平的静穆，而不是阴森和肃杀。它闹中取静，别有天地，仍是人间。它可能是一条现代的乌衣巷，家家有自己的一本哀乐账，一部兴衰史，可是重门叠户，讳莫如深，夕阳影里，野草闲花，燕子低飞，寻觅旧家。只是一片澄明如水的气氛，净化一切，笼罩一切，使人忘忧。

你是否觉得劳生草草，身心两乏，我劝你工余之暇，常到小巷里走走，那是最好的将息，会使你消除疲劳，紧张的心弦得到调整。你如果有时情绪烦躁，心境悒(yì)郁，我劝你到小巷里负手行吟一阵，你一定会豁然开朗，怡然自得，物我两忘。你有爱人吗？我建议不要带了她去什么名园胜境，还是利用晨昏时节，到深巷中散散步。在那里，你们俩可以随意谈天，心贴得更近，在街上那种贪婪的睨(nì)视、恶意的斜觑(qù)，巷里是没有的；偶然呀的一声，墙门口显现出一个人影，又往往是深居简出的姑娘，看见你们，会娇羞地返身回避了。

巷，是人海汹汹中的一道避风塘，给人带来安全感；是城市喧嚣扰攘中的一带洞天幽境，胜似皇家的阁道，便于平常百姓徘徊倘佯(cháng yáng)。

爱逐臭争利，锱(zī)铢必较的，请到长街闹市去；爱轻嘴薄舌，争是论非的，请到茶馆酒楼去；爱锣鼓钲镗(zhēng táng)，管弦嗷嘈的，请到歌台剧院去；爱宁静淡泊，沉思默想的，深深的小巷在欢迎你！

一九三零秋

【作者简介】 柯灵(1909—2000)，原名高季琳，笔名朱梵、宋约。原籍浙江省绍兴市斗门镇，生于广州，1932年6月参加革命。中国民主促进会会员，中国电影理论家、剧作家、评论家。主要作品有《月亮姑娘》《望春草》《春满人间》等。

# 莲花荷叶

## 林清玄

偶尔会到植物园看荷花，如果是白天，赏荷的人总是把荷花池围得非常拥挤，生怕荷花立即就要谢去。

还有一些人到荷花池畔来写生，有的用画笔，有的用相机，希望能找到自己心目中最美丽的一角，留下一个不会磨灭的影像，在荷花谢去之后，能回忆池畔夏日。

有一次遇见一群摄影协会的摄影爱好者，到了荷花池畔，训话一番，就地解散，然后我看见了胸前都背着几部相机的摄影爱好者，如着魔一般地对准池中的荷花猛按快门，有时还会传来一声吆喝，原来有一位摄影者发现一个好的角度，呼唤同伴来观看。霎时，十几位摄影的人全集中在那个角度，大雷雨一样地按下快门。

约摸半小时的时间，领队吹了一声哨子，摄影者才纷纷收起相机集合，每个人都对刚才的荷花摄影感到十分满意，脸上挂着微笑，移师到他们的下一站，再用镜头去侵蚀风景。

这时我吃惊地发现，池中的荷花如同经历一场恶梦，从恶梦中活转过来。就在刚才摄影者吵闹俗恶的摄影之时，荷花垂头低眉沉默不语地抗议，当摄影者离开后，荷花抬起头来，互相对话——谁说植物是无知无感的呢？如果我们能以微细的心去体会，就会知道植物的欢迎或忧伤。

真是这样的，白天人多的时候，我感到荷花的生命之美受到了抑制，躁乱的人声使它们沉默了。一到夜晚，尤其是深夜，大部分人都走光，只留下三两对情侣，这时独自静静地坐在荷花池畔，就能听见众荷从沉寂的夜中喧哗起来，使一个无人的荷花池，比有人的荷花池还要热闹。

尤其是几处开着睡莲的地方，白日舒放的花颜，因为游客的吵闹累着了，纷纷闭上眼睛，轻轻睡去。睡着的睡莲比未睡的仿佛还要安静，包含着一些没有人理解的寂寞。

在睡莲池边、在荷花池畔，不论白日黑夜都有情侣在谈心，他们是以赏荷为名来互相欣赏对方的荷花开放，有时我看见了，情侣自己的心里就开着一个荷花池，在温柔时沉静，在激情时喧哗，始知道，荷花是开在池中，也开在心里。如果看见情侣在池畔争吵，就让人感觉他们的荷花已经开到秋天，即将留得残荷听雨声了。

夏天荷花盛开时，是美的。荷花未开时，何尝不美呢？因为所有的落叶还带着嫩稚的青春。秋季的荷花，在落雨的风中，回忆自己一季的辉煌，也有沉静的美。到冬天的时候已经没有荷花，还看不看得见美呢？当然！冬天的冷肃，让我们有期待的心。期待使我们看到未来之美。

一切都是美的，多好！

最真实的是，不管如何开谢，我们总知道开谢的是同一池荷。

看荷花开谢，与看荷畔的人，我总会想起禅宗的一则公案。有一位禅者来问智门禅师："莲花未出水时如何？"智门说："莲花。"

禅者又问："出水后如何？"

智门说："荷叶。"

——如果找到荷花真实的心，荷花开不开又有什么要紧？我们找到自己心中的那一池荷花，比会欣赏外面的荷花重要得多。

在无风的午后,在落霞的黄昏,在云深不知处,在树密波澄的林间,乃至在十字街头的破布鞋里,我们都可以找到荷花的心。同样的,如果我们无知,即使终日赏荷,也会失去荷花之心。

这就是当我们能反观到明净的自性,就能"竹密无妨水过,山高不碍云飞",就能在山高的林间,听微风吹动幽微的松树,远听,近闻,都是那样的好!

**【作者简介】** 林清玄(1953— ),台湾高雄人,当代著名作家、散文家、诗人、学者。他是台湾作家中最高产的一位,也是获得各类文学奖最多的一位,也被誉为"当代散文八大作家"之一。主要作品有《查塔卡的杜鹃》《在云上》《清音五弦》等。

# 大地的忠诚

## 哈利勒·台吉·丁

大地非同于其他事物，它不虚伪骗人，不出尔反尔。

天空可能会撒谎，于是便不下雨；风会一反常态，于是把大树连根拔起，吹起沙子迷住人的眼睛，使一切荡然无存；大海会背弃它与水手们的契约，宁静的海面顿时涛涌如山，那浪涛就是寿衣，那汪洋便是坟墓，温柔的海滩就像泛着白沫的双唇，吐着腐烂的尸骨。

小溪会骗人，于是渗入地下；泉水会骗人，于是便干枯；树枝会骗人，于是拒发新叶；花儿会骗人，于是便不芳香四溢，不果实累累。

太阳会骗人，于是隐而不见；月亮会骗人，于是不玉盘东升；星星会骗人，便坠落不现。

玫瑰会背叛，捧出的是荆棘利刺，而不再是艳丽与芳香。

而大地，只有大地，才始终如一，永不欺骗，永不撒谎，永不背信弃义。

你栖身的房屋可能会倾倒，会劈头盖脸塌下来。

你吃下的那口食物里也许有致命的毒药。

你穿着的衣服也许会令你窒息，你脚蹬（dēng）的鞋子也许会带你走向深渊，拥着你的床铺也许会变为你的坟墓。

你真诚相待的朋友也许会变心疏远你，你曾真心相爱的人也许会把你遗忘。

至于大地，独有大地，才最忠诚老实，既不会遗忘，也不会背叛。

看看死亡和时间吧，无论何物、何人都无法拒绝它们的光临，而大地则不然。

每当一代人被死亡席卷，或被时间所遗忘，我们便站在大地上说："这儿曾站过一位帝王，这儿曾走过汉尼拔的大军，那儿曾是征服者之路。"

我们站在大地之上，我们请大地作证。大地在笑，在回忆，在作证。

啊，大地！也许你的最伟大之处是，我们在你的内部挖得越深，你所赠予的财宝、宝藏和奉献就越多。你与人是多么的不同啊！也许你最壮丽的景色就是你表面上的残垣断壁，烈焰熊熊吞噬（shí）着一切，是遍地的死者和伤者。你保持着自己的庄严，嘲笑着所有的一切，你张开双臂拥抱所有落下的和倒下的，你容纳所有的事，所有的人。

难道不奇怪吗，在你表面上爆炸的炮弹能使所有的一切事物死亡，但如果它在你身上划上疤痕，你的体内就会爆发出新的生命！

大地啊！你不愧是我们的母亲！

**【作者简介】** 哈利勒·台吉·丁（1906—    ），黎巴嫩文学家、政治家，被认为是现代阿拉伯短篇小说的先驱之一。主要著作有《来自现实生活的七个故事》《死刑》《平凡者之念》等。

崇德修身

# 《论语》四则

〔战国〕

## 原 文

曾子曰:"吾日三省(xǐng)吾身。为人谋而不忠乎?与朋友交而不信乎?传不习乎?"
子曰:"古者言之不出,耻躬之不逮也。"
子曰:"君子欲讷于言而敏于行。"
子曰:"道(dǎo)千乘(shèng)之国,敬事而言,节用而爱人,使民以时。"

## 译 文

曾子说:"我每天多次反省自己,为别人办事是不是尽心竭力了呢?同朋友交往是不是做到诚实可信了呢?老师传授给我的学业是不是复习了呢?"
孔子说:"古代人不轻易把话说出口,因为他们以自己做不到为可耻啊。"
孔子说:"君子说话要谨慎,而行动要敏捷。"
孔子说:"治理一个拥有一千辆兵车的国家,就要严谨认真地办理国家大事而又恪守信用,诚实无欺,节约财政开支而又爱护官吏臣僚,役使百姓要不误农时"。

# 国语·昔齐攻鲁，求其岑鼎

〔春秋〕 左丘明

昔齐攻鲁，求其岑鼎。鲁侯伪献他鼎而请盟焉。齐侯不信，曰："若柳季云是，则请受之。"鲁欲使柳季。柳季曰："君以鼎为国，信者亦臣之国，今欲破臣之国，全君之国，臣所难。"鲁侯乃献岑鼎。

从前，齐国攻打鲁国，要索取鲁国的镇国之宝——岑鼎。鲁国国君悄悄地换了另外一个鼎献给齐君，并向齐君请求订立合约。齐君不相信鲁君会把真的岑鼎送来，便提出："如果柳季说这是真品，那么我就接受它。"鲁君只得去请求柳季。柳季说："您把岑鼎当作是国家的重器，而我则把信用看成立身处事的根本。眼下你想破坏臣的根本，保全您的国家，这是臣下难以办到的事。"鲁君无奈只得将岑鼎献给齐君。

# 曾子杀彘

〔战国〕韩 非

曾子之妻之市，其子随之而泣。其母曰："汝还，顾反为汝杀彘（zhì）。"妻适市来，曾子欲捕彘杀之。妻止之曰："特与婴儿戏耳。"曾子曰："婴儿非与戏也。婴儿非有知也，待父母而学者也，听父母之教。今子欺之，是教子欺也。母欺子，子而不信其母，非所以成教也。"遂烹彘也。

### 译文

曾子的妻子到集市上去,她的儿子跟随着她边走边哭。曾子的妻子对儿子说:"你先回去,等我回来后杀猪给你吃。"妻子从集市上回来,曾子就抓只猪准备杀了它。他的妻子马上阻止他说:"我只不过是跟儿子开了个玩笑罢了。"曾子说:"不可以与儿子开玩笑。儿子什么都不懂,他只学习父母的,听从父母的教导。现在你欺骗了他,这就是在教育他欺骗人。母亲欺骗儿子,儿子就不会再相信他的母亲了,这不是正确教育孩子的方法啊。"于是曾子就煮猪给孩子吃了。

# 孟母三迁

〔西汉〕 韩 婴

### 原文

邹(zōu)孟轲母,号孟母。其舍近墓。孟子之少也,嬉游为墓间之事,踊跃筑埋。孟母曰:"此非吾所以居处子也。"乃去,舍市傍。其嬉游为贾人炫卖之事。孟母又曰:"此非吾所以处吾子也。"复徙居学宫之旁。其嬉游乃设俎(zǔ)豆,揖让进退。孟母曰:"真可以处居子矣。"遂居。及孟子长,学六艺,卒成大儒之名。君子谓孟母善以渐化。

### 译文

孟子的母亲,世人称她孟母。过去孟子小时候,居住的地方离墓地很近,孟子学了些祭拜之类的事。他的母亲说:"这个地方不适合孩子居住。"于是将家搬到集市旁,孟子学了些做买卖的东西。母亲又想:"这个地方还是不适合孩子居住。"又将家搬到学宫旁边。孟子学会了在朝廷上鞠躬行礼的礼节,孟母说:"这才是孩子居住的地方。"就在这里定居下来了。等孟子长大成人后,学成六艺,获得大儒的名望。君子以为这都是孟母逐步教化的结果。

# 陈　情　表

〔魏晋〕　李　密

臣密言：臣以险衅（xìn），夙遭闵凶。生孩六月，慈父见背；行年四岁，舅夺母志。祖母刘悯臣孤弱，躬亲抚养。臣少多疾病，九岁不行，零丁孤苦，至于成立。既无叔伯，终鲜兄弟，门衰祚（zuò）薄，晚有儿息。外无期（jī）功强近之亲，内无应门五尺之僮，茕茕（qióng）孑立，形影相吊。而刘夙婴疾病，常在床蓐（rù），臣侍汤药，未曾废离。

逮奉圣朝，沐浴清化。前太守臣逵（kuí）察臣孝廉，后刺史臣荣举臣秀才。臣以供养无主，辞不赴命。诏书特下，拜臣郎中，寻蒙国恩，除臣洗（xiǎn）马。猥以微贱，当侍东宫，非臣陨首所能上报。臣具以表闻，辞不就职。诏书切峻，责臣逋慢；郡县逼迫，催臣上道；州司临门，急于星火。臣欲奉诏奔驰，则刘病日笃；欲苟顺私情，则告诉不许。臣之进退，实为狼狈。

伏惟圣朝以孝治天下，凡在故老，犹蒙矜（jīn）育，况臣孤苦，特为尤甚。且臣少仕伪朝，历职郎署，本图宦达，不矜名节。今臣亡国贱俘，至微至陋，过蒙拔擢，宠命优渥（wò），岂敢盘桓，有所希冀。但以刘日薄西山，气息奄奄，人命危浅，朝不虑夕。臣无祖母，无以至今日；祖母无臣，无以终余年。母、孙二人，更相为命，是以区区不能废远。

臣密今年四十有四，祖母刘今年九十有六，是臣尽节于陛下之日长，报养刘之日短也。乌鸟私情，愿乞终养。臣之辛苦，非独蜀之人士及二州牧伯所见明知，皇天后土，实所共鉴。愿陛下矜悯愚诚，听臣微志，庶刘侥幸，保卒余年。臣生当陨首，死当结草。臣不胜犬马怖惧之情，谨拜表以闻。

# 译文

　　臣李密陈言：我因命运不好，很早就遭遇到了不幸，刚出生六个月，父亲就弃我而死去。我四岁的时候，舅父强迫母亲改变了守节的志向。我的祖母刘氏，怜悯我年幼丧父，便亲自抚养。臣小的时候经常生病，九岁时不能走路。孤独无靠，一直到成人自立。既没有叔叔伯伯，又缺少兄弟，门庭衰微、福分浅薄，很晚才有儿子。在外面没有比较亲近的亲戚，在家里又没有照应门户的童仆，生活孤单没有依靠，只有自己的身体和影子相互安慰。但祖母刘氏又早被疾病缠绕，常年卧床不起，我侍奉她吃饭喝药，从来就没有离开过她。

　　到了晋朝建立，我蒙受着清明的政治教化。先前有名叫逵的太守，察举臣为孝廉，后来又有名叫荣的刺史推举臣为优秀人才。臣因为供奉赡养祖母的事无人承担，辞谢不接受任命。朝廷又特地下了诏书，任命我为郎中，不久又蒙受国家恩命，任命我为太子的侍从。我凭借卑微低贱的身份，担当侍奉太子的职务，这实在不是我捐躯所能报答朝廷的。我将以上苦衷上表报告，加以推辞不去就职。但是诏书急切严峻，责备我怠慢不敬。郡县长官催促我立刻上路；州县的长官登门督促，比流星坠落还要急迫。我很想奉旨为皇上奔走效劳，但祖母刘氏的病却一天比一天重。想要姑且顺从自己的私情，但报告申诉不被允许。我是进退两难，十分狼狈。

　　我想晋朝是用孝道来治理天下的，凡是年老而德高的旧臣，尚且受到怜悯养育，而我孤单凄苦的程度更为严重。况且我年轻的时候曾经做过蜀汉的官，担任过郎官职务，本来就希望做官显达，并不顾惜名声节操。现在我是一个低贱的亡国俘虏，十分卑微浅陋，受到过分提拔，恩宠优厚，怎敢犹豫不决而有非分的企求呢？只是因为祖母刘氏寿命即将终了，气息微弱，生命垂危，早上不能想到晚上怎样。我如果没有祖母，无法达到今天的地位；祖母如果没有我的照料，也无法度过她的余生。祖孙二人，互相依靠而维持生命，因此我不能废止侍养祖母而远离。

　　我现在的年龄四十四岁了，祖母现在的年龄九十六岁了，这样看来我在陛下面前尽忠尽节的日子还很长，而在祖母刘氏面前尽孝尽心的日子很短。我怀着乌鸦反哺的私情，乞求能够准许我完成对祖母养老送终的心愿。我的辛酸苦楚，并不仅仅是蜀地的百姓及益州、梁州的长官所能明白知晓的，天地神明，实在也都能明察。希望陛下能怜悯我的诚心，满足我微不足道的心愿，使祖母刘氏能够侥幸地保全她的余生。我活着应当捐躯报效朝廷，死了也要结草衔环来报答陛下的恩情。我怀着像犬马一样不胜惶恐的心情，恭敬地呈上此表来使陛下知道这件事。

# 田真兄弟

〔南朝〕 梁吴均

京兆田真兄弟三人，共议分财。生资皆平均，唯堂前一株紫荆树，共议欲破三片。翌日就截之，其树即枯死，状如火然。真往见之，大愕，谓诸弟曰："树本同株，闻将分斫(zhuó)，故憔悴，是人不如木也。"因悲不自胜，不复解树。树应声荣茂，兄弟相感，遂和睦如初。

京城地区田真兄弟三人分家，别的财产都已分妥，剩下堂前的一株紫荆树。兄弟三人商量将荆树截为三段。第二天就去截断它，那树就枯死了，像是被火烧过的样子。田真前往看见了树，非常惊讶，对两个弟弟说："树本来是同根，听说将要被砍后分解，所以枯焦，这（说明）人比不上树木。"于是不能控制自己的悲伤，不再分树，树听到田真的话后立刻枝叶茂盛，田真兄弟大受感动，于是就像当初那样和睦。

# 世说新语·陈太丘与友期

〔南朝〕 刘义庆

陈太丘与友期行，期日中，过中不至，太丘舍去，去后乃至。元方时年七岁，门外戏。客问元方："尊君在不？"答曰："待君久不至，已去。"友人便怒："非人哉！与人期行，相委而去。"元方曰："君与家君期日中。日中不至，则是无信；对子骂父，则是无礼。"友人惭，下车引之，元方入门不顾。

## 译文

陈太丘和朋友相约同行,约定的时间在中午,过了中午朋友还没有到,陈太丘不再等候他而离开了,陈太丘离开后朋友才到。元方当时年龄七岁,在门外玩耍。陈太丘的朋友问元方:"你的父亲在吗?"元方回答道:"我父亲等了您很久您却还没有到,已经离开了。"友人便生气地说道:"真不是人啊!和别人相约同行,却丢下别人先离开了。"元方说:"您与我父亲约在正午,正午您没到,就是不讲信用;对着孩子骂父亲,就是没有礼貌。"朋友感到惭愧,下了车想去拉元方的手,元方头也不回地走进家门。

# 岳阳楼记

〔北宋〕 范仲淹

## 原 文

庆历四年春,滕子京谪守巴陵郡。越明年,政通人和,百废具兴。乃重修岳阳楼,增其旧制,刻唐贤今人诗赋于其上。属予作文以记之。

予观夫巴陵胜状,在洞庭一湖。衔远山,吞长江,浩浩汤汤,横无际涯;朝晖夕阴,气象万千。此则岳阳楼之大观也,前人之述备矣。然则北通巫峡,南极潇湘,迁客骚人,多会于此,览物之情,得无异乎?

若夫霪(yín)雨霏霏,连月不开,阴风怒号,浊浪排空;日星隐曜(yào);山岳潜形;商旅不行,樯倾楫摧;薄暮冥冥,虎啸猿啼。登斯楼也,则有去国怀乡,忧谗畏讥,满目萧然,感极而悲者矣。

至若春和景明,波澜不惊,上下天光,一碧万顷;沙鸥翔集,锦鳞游泳;岸芷汀(tīng)兰,郁郁青青。而或长烟一空,皓月千里,浮光跃金,静影沉璧,渔歌互答,此乐何极!登斯楼也,则有心旷神怡,宠辱偕忘,把酒临风,其喜洋洋者矣。

嗟夫!予尝求古仁人之心,或异二者之为,何哉?不以物喜,不以己悲;居庙堂之高则忧其民;处江湖之远则忧其君。是进亦忧,退亦忧。然则何时而乐耶?其必曰:"先天下之忧而忧,后天下之乐而乐"乎。噫!微斯人,吾谁与归?

时六年九月十五日。

庆历四年的春天,滕子京降职到岳州做知州。到了第二年,政事顺利,百姓和乐,各种荒废的事业都兴办起来了。于是(滕子京)就重新修建岳阳楼,扩大原有的建筑规模,在岳阳楼上刻唐代和当代贤人名家的诗和赋,(并)嘱托我用文章来记述(重建岳阳楼)这件事。

我看巴陵那优美的景色,全在洞庭湖。(洞庭湖)连接着远处的群山,吞吐着长江的水流,水势浩大,宽阔无际。或早或晚(一天里)阴晴多变化,景象的变化无穷无尽。这就是岳阳楼的雄伟壮丽的景象,前人的记述很详尽了。虽然如此,那么,(从这里)向北面直到巫峡,南面直到潇水、湘水,被贬谪流迁的人,诗人,大多都聚集在这里,看到自然景物所触发的感情有所不同吧?

像那细雨连绵,连续几个月不放晴的时候,阴冷的风怒号着,浑浊的浪头冲向天空,太阳和星星都隐藏了光辉,山岳隐没了形迹;商人(和)旅客不能前行,桅杆倒下,船桨断折;傍晚天色昏暗,老虎咆哮,猿猴悲啼。登上这座楼,就有离开国都,怀念家乡,担心(人家)说坏话,惧怕(人家)批评指责的情怀,满眼萧条的景象,感慨到极点,十分悲伤。

至于春风和煦,阳光明媚的时候,湖面平静,没有惊涛骇浪,天色湖光相接,一片碧绿,广阔无际;沙滩上的水鸟时而飞翔,时而停歇,美丽的鱼在水中畅游;岸上的香草,小洲上的兰花,香气浓郁,茂盛青翠。有时大片雾气完全消散,皎洁的月光一泻千里,浮动的月光如跳跃的碎金,平静的月影像沉入水中的玉璧。渔人唱着歌互相应答,这样的乐趣哪有尽头!登上这座楼,就心胸开阔,精神爽快,荣耀和屈辱都忘了,在清风吹拂中端起酒来喝,高兴到了极点。

唉!我曾经探求古时品德高尚的人的思想感情,或许和以上两种人的思想感情有所不同。为什么?不因为外物(好坏)和自己(得失)而或喜或悲。在朝廷做官就为他的百姓担忧;不在朝廷做官就为他的国君忧愁。这就是进入朝廷做官也担忧,辞官隐居也担忧。虽然如此,那么，什么时候才快乐呢？那一定要说："在天下人忧之前先忧，在天下人乐之后才乐"吧。唉！（如果）没有这种人，那么我同谁一道呢？

写于庆历六年九月十五日。

# 指南录后序（节选）

〔南宋〕 文天祥

予在患难中，间以诗记所遭，今存其本，不忍废，道中手自抄录。使北营，留北关外，为一卷；发北关外，历吴门、毗（pí）陵，渡瓜洲，复还京口，为一卷；脱京口，趋真州、扬州、高邮、泰州、通州，为一卷；自海道至永嘉，来三山，为一卷。将藏之于家，使来者读之，悲予志焉。

呜呼！予之生也幸，而幸生也何为？所求乎为臣，主辱臣死有余僇（liáo）；所求乎为子，以父母之遗体行殆（dài），而死有余责。将请罪于君，君不许；请罪于母，母不许；请罪于先人之墓，生无以救国难，死犹为厉鬼以击贼，义也；赖天之灵、宗庙之福，修我戈矛，从王于师，以为前驱，雪九庙之耻，复高祖之业，所谓誓不与贼俱生，所谓鞠躬尽力，死而后已，亦义也。嗟夫！若予者，将无往而不得死所矣。向也使予委骨于草莽，予虽浩然无所愧怍（zuò），然微以自文于君亲，君亲其谓予何！诚不自意返吾衣冠，重见日月，使旦夕得正丘首，复何憾哉！复何憾哉！

是年夏五，改元景炎，庐陵文天祥自序其诗，名曰《指南录》。

我在患难中，有时用诗记述个人的遭遇，现在还保存着那些底稿，不忍心废弃，在逃亡路上亲手抄录。将出使元营，被扣留在北门外（所写），作为一卷；从北门外出发，经过吴门、毗陵，渡过瓜洲，又回到京口的，作为一卷；逃出京口，奔往真州、扬州、高邮、泰州、通州的，作为一卷；从海路到永嘉、三山的，作为一卷。我将把这诗稿收藏在家中，使后人读了它，为我的志向而悲叹。

唉！我能死里逃生算是幸运了，可幸运地活下来要干什么呢？所求做一个忠臣，国君受到侮辱，做臣子的即使死了也还是有罪的；所求做一个孝子，用父母留给自己的身体去冒险，即使死了也有罪责。向国君请罪，国君不答应；向母亲请罪，母亲不答应；我只好向祖先的坟墓请罪。人活着不能拯救国难，死后还要变成恶鬼去杀贼，这就是义；依靠上天的神灵、祖宗的福泽，修整武备，跟随国君出征，作为先锋，洗雪朝廷的耻辱，恢复开国皇帝的事业，也就是古人所说的："誓不与贼共存"，"恭敬谨慎地竭尽全力，直到死了方休"，这也是义。唉！像我这样的人，将是无处不是可以死的地方了。以前，假使我丧身在荒野里，我虽然正大光明问心无愧，但也不能掩饰自己对国君、对父母的过错，国君和父母会怎么讲我呢？实在料不到我终于返回宋朝，重整衣冠，又见到皇帝，即使立刻死在故国的土地上，我还有什么遗憾呢！还有什么遗憾呢！

这一年夏天五月，改年号为景炎，庐陵文天祥为自己的诗集作序，诗集名《指南录》。

# 黄香温席

〔元〕 郭居敬

**昔汉时黄香，江夏人也。年方九岁，知事亲之理。**

**每当夏日炎热之时，则扇父母帷帐，令枕清凉，蚊蚋（ruì）远避，以待亲之安寝；至于冬日严寒，则以身暖其亲之衾，以待亲之暖卧。**

**于是名播京师，号曰"天下无双，江夏黄香"。**

过去汉朝的时候，有一个(孩子)叫黄香，是江夏人。当时年纪才九岁，就懂得孝顺长辈的道理。

每当炎炎夏日到来的时候，就给父母搭蚊帐，让枕头和席子清凉爽快，把吸人血的小虫扇开，让父母好好睡觉；至于到了寒冷的冬天，就亲自用自己的身体使父母的被子变得温暖，让父母睡得温暖。

于是黄香的事迹流传到了京城，号称"天下无双，江夏黄香"！

# 龙门子凝道记·吴起守信

〔明〕 宋 濂

昔吴起出,遇故人,而止之食。故人曰:"诺,期返而食。"起曰:"待公而食。"故人至暮不来,起不食待之。明日早,令人求故人,故人来,方与之食。起之不食以俟(sì)者,恐其自食其言也。其为信若此,宜其能服三军欤?欲服三军,非信不可也!

从前吴起外出遇到了老朋友,就留他吃饭。老朋友说:"好啊,等我回来就(到你家)吃饭。"吴起说:"我(在家里)等待您一起进餐。"(可是)老朋友到了傍晚还没有来,吴起不吃饭而等候他。第二天早晨,(吴起)派人去找老朋友,老朋友来了,才同他一起进餐。吴起不吃饭而等候老朋友的原因是怕自己说了话不算数。他坚守信用到如此程度,这是能使军队信服的缘由吧!要想使军队信服,(作为将领)不守信用是不行的。

# 项脊轩志

〔明〕 归有光

项脊轩,旧南阁子也。室仅方丈,可容一人居。百年老屋,尘泥渗漉(lù),雨泽下注;每移案,顾视,无可置者。又北向,不能得日,日过午已昏。余稍为修葺(qì),使不上漏。前辟四窗,垣墙周庭,以当南日,日影反照,室始洞然。又杂植兰桂竹木于庭,旧时栏楯(dùn),亦遂增胜。借书满架,偃仰啸歌,冥然兀(wù)坐,万籁有声;而庭阶寂寂,小鸟时来啄食,人至不去。三五之夜，明月半墙，桂影斑驳，风移影动，珊珊可爱。

然余居于此，多可喜，亦多可悲。先是庭中通南北为一。迨诸父异爨（cuàn），内外多置小门，墙往往而是。东犬西吠，客逾庖而宴，鸡栖于厅。庭中始为篱，已为墙，凡再变矣。家有老妪，尝居于此。妪，先大母婢也，乳二世，先妣（bǐ）抚之甚厚。室西连于中闺，先妣尝一至。妪每谓余曰："某所，而母立于兹。"妪又曰："汝姊在吾怀，呱呱而泣；娘以指叩门扉曰：'儿寒乎？欲食乎？'吾从板外相为应答。"语未毕，余泣，妪亦泣。余自束发，读书轩中，一日，大母过余曰："吾儿，久不见若影，何竟日默默在此，大类女郎也？"比去，以手阖（hé）门，自语曰："吾家读书久不效，儿之成，则可待乎！"顷之，持一象笏（hù）至，曰："此吾祖太常公宣德间执此以朝，他日汝当用之！"瞻顾遗迹，如在昨日，令人长号不自禁。

轩东，故尝为厨，人往，从轩前过。余扃（jiōng）牖（yǒu）而居，久之，能以足音辨人。轩凡四遭火，得不焚，殆有神护者。

项脊生曰："蜀清守丹穴，利甲天下，其后秦皇帝筑女怀清台；刘玄德与曹操争天下，诸葛孔明起陇中。方二人之昧昧于一隅也，世何足以知之，余区区处败屋中，方扬眉、瞬目，谓有奇景。人知之者，其谓与坎井之蛙何异？"

余既为此志，后五年，吾妻来归，时至轩中，从余问古事，或凭几学书。吾妻归宁，述诸小妹语曰："闻姊家有阁子，且何谓阁子也？"其后六年，吾妻死，室坏不修。其后二年，余久卧病无聊，乃使人复葺南阁子，其制稍异于前。然自后余多在外，不常居。

庭有枇杷树，吾妻死之年所手植也，今已亭亭如盖矣。

## 译文

项脊轩，是原来的南阁子。室内面积仅有一丈见方，只可容纳一人居住。(这是已有)上百年的老屋子，(屋顶墙头上的)泥土漏下，雨水也往下流；每当移动案桌时，左看右看没有可以安置(案桌)的地方。又方位朝北，不能照到阳光，天一过中午就已经昏暗。我稍稍修补了一下，使它不从上面漏土漏雨。前面开了四扇窗子，院子周围砌上墙，用(北墙)挡着南边射来的日光，日光返照，室内才明亮起来。又在庭院里错杂地种上兰花、桂树、竹子等，往日的栏杆，也就增加了新的光彩。借来的书籍摆满书架，我安居室内，长啸或吟唱，有时又静静地独自端坐着，听自然界各种各样的声音；庭院、阶前却静悄悄的，小鸟时来啄食，人到了也不离开。十五的夜晚，明月高悬，照亮半截墙壁，桂树影子交杂错落，微风吹来，花影摇动，美丽可爱。

然而我住在这里，有许多值得欢喜的事，也有许多值得悲伤的事。从前，庭院南北相通成为一体。等到伯、叔分居了，室内外设置了许多小门，墙壁到处都是。东家的狗对着西家的叫,客人越过厨房而去吃饭,鸡在厅堂里栖息。庭院中开始是被篱笆隔开,然后又砌了墙,共改变了两次。家中有位老婆婆,曾经在这里居住过。这个老婆婆,是我去世的祖母的婢女,给两代人喂过奶,先母对她很好。房子的西边和内室相连,先母曾经来过一次。老婆婆经常对我说:"这个地方,你的母亲曾经站在这里。"老婆婆又说:"你姐姐在我怀中,呱呱地哭泣;你母亲用手指敲着房门说:'孩子是冷呢,还是想吃东西呢?'我在门外一一回话。"话还没有说完,我就哭起来,老婆婆也流下了眼泪。我从十五岁起就在轩内读书,有一天,祖母来看我,说:"我的孩子,好久没有见到你的身影了,为什么整天默默地待在这里,很像个女孩子呀。"等到走的时候,用手关上门,自言自语说:"我们家读书很久没人得到功名了,这孩子的成功,指日可待了呀!"不一会儿,拿着一个象笏过来,说:"这(是)我的祖父太常公宣德年间拿着去上朝用的,以后你会用到它!"回忆旧日事物,就好像发生在昨天一样,让人忍不住放声大哭。

项脊轩的东边曾是厨房,人们到那里去,必须从轩前经过。我关上窗子住在这里,时间长了,能够根据脚步声辨别来者是谁。项脊轩一共遭过四次火灾,能够不被焚毁,大概是有神灵保护吧。

项脊生说:"巴蜀地方有个名叫清的寡妇,她继承了丈夫留下的朱砂矿,采矿获利为天下第一,后来秦始皇筑"女怀清台"纪念她。刘备与曹操争夺天下,诸葛亮出身陇中由务农出而建立勋业。当这两个人还待在不为人所知的偏僻角落时,世人又怎么能知道他们呢?我今天居住在这破旧的小屋里,却自得其乐,以为有奇景异致。如果有知道我这种情况的人,恐怕会把我看作目光短浅的井底之蛙吧!"

我已经作了这篇文章后五年,我的妻子嫁到我家来,她时常来到轩中,向我问一些旧时的事情,或者伏在书案上学写字。我妻子回娘家省亲,(回来后)转述小妹们的话说:"听说姐姐家有个小阁子,那么什么叫阁子呀?"这以后六年,我的妻子去世,小轩破败没有整修。又过了两年,我生病卧床很长时间,闲极无聊,就派人再次修缮南阁子,规制跟过去稍有不同。然而此后我多住在外边,不常住在这里。

庭院中有一株枇杷树,是我妻子去世那年亲手种植的,现在已经高高地耸立着,(枝叶繁茂)像伞一样了。

# 梅花岭记(节选)

〔清〕 全祖望

### 原 文

顺治二年乙酉四月,江都围急。督相史忠烈公知势不可为,集诸将而语之曰:"吾誓与城为殉,然仓皇中不可落于敌人之手以死,谁为我临期成此大节者?"副将军史德威慨然任之。忠烈喜曰:"吾尚未有子,汝当以同姓为吾后。吾上书太夫人,谱汝诸孙中。"

二十五日,城陷,忠烈拔刀自裁,诸将果争前抱持之。忠烈大呼德威,德威流涕,不能执刃,遂为诸将所拥而行。至小东门,大兵如林而至,马副使鸣騄(lù)、任太守民育及诸将刘都督肇基等皆死。忠烈乃瞠目曰:"我史阁部也。"被执至南门。和硕豫亲王以先生呼之,劝之降。忠烈大骂而死。初,忠烈遗言:"我死,当葬梅花岭上。"至是,德威求公之骨不可得,乃以衣冠葬之。

### 译 文

顺治二年乙酉(年)四月,江都被(清兵)围困的(形势)很危急。督相史忠烈公知道局势(已)不可挽救,(就)召集众将领告诉他们说:"我发誓与扬州城同作殉国(之物),但(在)匆忙慌乱中不能落在敌人的手里死去,谁(能)替我在城破时完成这个(为国而死)的大节呢?"副将军史德威悲痛激昂地(表示愿意)担负这一任务。忠烈高兴地说:"我还没有儿子,你应当凭同姓的关系作我的后嗣。我(要)写信(禀告)太夫人,把你(的名字)记入(我的)家谱,排在(太夫人的)孙儿辈中。"

二十五日,(江都)城沦陷,忠烈抽出刀来自刎。众将领果然争着上前抱住他(不让他自杀)。忠烈大声呼唤德威,德威(悲痛)流泪,不能举刀,于是被众将领簇拥着走。到小东门,清兵涌入,副使马鸣騄等众将领都战死了。忠烈就瞪着眼看敌人说:"我就是(大明朝的)史阁部。"被(俘)押到南门,和硕豫亲王用"先生"(的名称)称呼他,劝他投降。忠烈大骂而死。当初,忠烈(留下)遗言:"我死后应葬(在)梅花岭上。"到这时,德威寻找不到史公的尸骨,就拿(他的)衣冠(代替尸骨)埋葬(在梅花岭上)。

# 诗经·国风·唐风·采苓(líng)

〔先秦〕

采苓采苓,首阳之巅。人之为言,苟亦无信。舍旃(zhān)舍旃,苟亦无然。人之为言,胡得焉?

采苦采苦,首阳之下。人之为言,苟亦无与。舍旃舍旃,苟亦无然。人之为言,胡得焉?

采葑(fēng)采葑,首阳之东。人之为言,苟亦无从。舍旃舍旃,苟亦无然。人之为言,胡得焉?

## 译文

攀山越岭采茯苓啊采茯苓,那苦人儿伫立在首阳山顶。无聊小人制造着她的闲话,不要信啊没有一句是真情。干脆抛弃它们吧抛弃它们,切莫信以为真。那些造谣生事的长舌妇们,最终还是竹篮打水一场空!

攀山越岭采苦菜啊采苦菜,那苦人儿寻到首阳山下来。无聊小人制造着她的闲话,你不要自乱阵脚参与进来。轻轻拂去它们吧拂去它们,切莫信以为真。那些流言蜚语的制造者们,一无所得枉费心思空挂怀!

攀山越岭采芜菁啊采芜菁,那苦人儿转到首阳山之东。无聊小人制造着她的闲话,最好堵上自己耳朵不要听。不要太在意它们吧别在意,千万别听雨是雨听风是风。那些以造谣传谣为乐的人,能得到什么,最终两手空空!

## 赏析

这是一首劝诫世人不要听信谗言的诗歌。此诗三章,先后告诫人们对待谣言要有三种态度"无信""无与""无从"。"无信",是强调伪言内容的虚假;"无与",是强调伪言蛊惑的不可置理;"无从",是强调伪言的教唆不可信从。

# 诗经·小雅·青蝇

〔先秦〕

营营青蝇，止于樊。岂弟君子，无信谗言。
营营青蝇，止于棘。谗人罔极，交乱四国。
营营青蝇，止于榛。谗人罔极，构我二人。

## 译文

苍蝇乱飞声嗡嗡，飞上篱笆把身停。平和快乐的君子，不要把那谗言听。
苍蝇乱飞声嗡嗡，飞上酸枣树上停。谗人无德又无行，扰乱四方不太平。
苍蝇乱飞声嗡嗡，飞上榛树枝上停。谗人无德又无行，离间我俩的感情。

## 赏析

这是《小雅》中一首著名的谴责诗，讽刺统治者听信谗言，斥责谗人害人祸国。它的鲜明特色是借物取喻形象生动，劝说斥责感情痛切。

# 七步诗

〔魏〕 曹 植

煮豆燃豆萁，豆在釜中泣。
本是同根生，相煎何太急？

锅里煮着豆子，豆秸在锅底下燃烧，豆子在锅里面哭泣。
豆子和豆秸本来是同一条根上生长出来的，豆秸怎能这样急迫地煎熬豆子呢？

### 赏析

这是一首抒写兄弟之情的诗歌。此诗通过燃萁煮豆这一日常现象,抒发了曹植内心的悲愤。作者以比兴的手法出之,语言浅显,寓意明畅。诗人取譬之妙,用语之巧,而且在刹那间脱口而出,实在令人叹为观止。"本是同根生,相煎何太急"二语,千百年来已成为劝导人们不要兄弟阋墙、自相残杀的常用诗句,流传极广。

## 送二兄入蜀

〔唐〕 卢照邻

关山客子路,花柳帝王城。
此中一分手,相顾怜无声。

### 译文

我在这繁华的长安城中相送你入蜀,
前面的旅途关山重重。
我们就在这里分别,
相互看着,默默无声。

### 赏析

这是一首抒写骨肉亲情的送别诗,诗人在短短四句诗中由远及近地刻画双方的心灵,诗人善于节制感情,平衡抑扬,全诗感情异常深厚浓烈,跌宕起伏,令人感动。诗歌更是以其简洁质朴的诗风和语言有力地冲击了宫体诗的形式主义藩篱,给初唐诗坛带来了清新之气,也对后来的盛唐诗歌产生了很大影响。

## 赐萧瑀（yǔ）

〔唐〕 李世民

疾风知劲草，板荡识诚臣。
勇夫安识义，智者必怀仁。

在猛烈狂疾的大风中才能看得出是不是强健挺拔的草，在激烈动荡的年代里才能识别出是不是忠贞不二的臣。

一勇之夫怎么懂得为公为国为民为社稷的正义的道理，而智勇兼具的人内心里必然怀有忠君为民的仁爱之情。

这首诗告诉我们只有经过尖锐复杂斗争的考验，才能考查出一个人的真正品质和节操，才能显示出谁是忠贞的强者。

## 送杜少府之任蜀州

〔唐〕 王 勃

城阙辅三秦，风烟望五津。
与君离别意，同是宦游人。
海内存知己，天涯若比邻。
无为在歧路，儿女共沾巾。

## 译文

巍巍长安,雄踞三秦之地;渺渺四川,却在迢迢远方。

你我命运何等相仿,奔波仕途,远离家乡。

只要有知心朋友,四海之内不觉遥远。即便在天涯海角,感觉就像近邻一样。

岔道分手,实在不用儿女情长,泪洒衣裳。

## 赏析

此诗是送别诗的名作,诗意慰勉勿在离别之时悲哀。起句严整对仗,三、四句以散调相承,以实转虚,文情跌宕。全诗开合顿挫,气脉流通,意境旷达。此诗一洗往昔送别诗中悲苦缠绵之态,体现出诗人高远的志向、豁达的情趣和旷达的胸怀。

# 九月九日忆山东兄弟

〔唐〕 王 维

**独在异乡为异客,每逢佳节倍思亲。**

**遥知兄弟登高处,遍插茱萸(yú)少一人。**

独自远离家乡难免总有一点凄凉,
每到重阳佳节倍加思念远方的亲人。
远远想到兄弟们身佩茱萸登上高处,
也会因为少我一人而生遗憾之情。

**赏析**

此诗因重阳节思念家乡的亲人而作。繁华的帝都对当时热衷仕进的年轻士子虽有很大吸引力,但对一个少年游子来说,毕竟是举目无亲的"异乡"。而且越是繁华热闹,在茫茫人海中的游子就越显得孤孑无亲,所以"每逢佳节倍思亲"就是十分自然的了。这种体验,诗人用这样朴素无华而又高度概括的诗句成功地得以表现,而一经诗人道出,它就成了最能表现游子思乡感情的格言式的警句。

# 出 塞

〔唐〕 王昌龄

**秦时明月汉时关,万里长征人未还。**
**但使龙城飞将在,不教胡马度阴山。**

依旧是秦时的明月汉时的边关,征战长久延续万里征夫不回还。
倘若龙城的飞将军李广而今健在,绝不许匈奴南下牧马度过阴山。

**赏析**

这是一首慨叹边战不断,国无良将的边塞诗。诗的首句最耐人寻味。说的是此地汉关,明月秦时,大有历史变换,征战未断的感叹。二句写征人未还,多少男儿战死沙场,留下多少悲剧。三、四句写出千百年来人民的共同意愿,冀望有"龙城飞将"出现,平息胡乱,安定边防。全诗以平凡的语言,唱出雄浑豁达的主旨,气势流畅,一气呵成,吟之莫不叫绝。明人李攀龙曾评价它是唐代七绝压卷之作,实不过分。

# 喜见外弟又言别

〔唐〕 李 益

十年离乱后,长大一相逢。
问姓惊初见,称名忆旧容。
别来沧海事,语罢暮天钟。
明日巴陵道,秋山又几重。

经过了近十年的战乱流离,长大成人后竟然意外相逢。
初见不相识还惊问名和姓,称名后才想起旧时的面容。
说不完别离后世事的变化,一直畅谈到黄昏寺院鸣钟。
明日你又要登上巴陵古道,秋山添忧愁不知又隔几重?

## 赏 析

"十年离乱后,长大一相逢",此诗开门见山,介绍二人相逢的背景。这里有三层意思:一是指出离别已有十年之久。二是说明这是社会动乱中的离别,它使人想起发生于李益八岁到十六岁时的安史之乱及其后的藩镇混战、外族入侵等时期。三是说二人分手于幼年,长大才会面,这意味着双方的容貌已有极大变化。他们长期音信阻隔,存亡未卜,突然相逢,颇出意外。

# 月夜忆舍弟

〔唐〕 杜 甫

戍鼓断人行，秋边一雁声。
露从今夜白，月是故乡明。
有弟皆分散，无家问死生。
寄书长不达，况乃未休兵。

**译 文**

戍楼上的更鼓声隔断了人们的来往，边塞的秋天里，一只孤雁正在鸣叫。
从今夜就进入了白露节气，月亮还是故乡的最明亮。
有兄弟却都分散了，没有家无法探问生死。
寄往洛阳城的家书常常不能送到，何况战乱频繁没有停止。

**赏 析**

这是首思亲之诗，是乾元二年(公元759年)秋杜甫在秦州所作。这年九月，史思明从范阳引兵南下，攻陷汴州，西进洛阳，山东、河南都处于战乱之中。当时，杜甫的几个弟弟正分散在这一带，由于战事阻隔，音信不通，引起他强烈的忧虑和思念，由此写下这首诗。

# 泊　秦　淮

〔唐〕　杜　牧

烟笼寒水月笼沙，夜泊秦淮近酒家。
商女不知亡国恨，隔江犹唱后庭花。

## 译文

烟雾弥漫秋水，月光笼罩白沙；
小船夜泊秦淮，靠近岸边酒家。
歌女为人作乐，那知亡国之恨？
她们在岸那边，还唱着后庭花。

## 赏析

　　这首诗是即景感怀的，金陵曾是六朝都城，繁华一时。作者目睹如今的唐朝国势日衰，当权者昏庸荒淫，不免要重蹈六朝覆辙，无限感伤。首句写景，先竭力渲染水边夜色的清淡素雅；二句叙事，点明夜泊地点；三、四句感怀，由"近酒家"引出商女之歌，酒家多有歌妓，自然洒脱；由歌曲之靡靡，牵出"不知亡国恨"，抨击豪绅权贵沉溺于声色，含蓄深沉；由"亡国恨"推出"后庭花"的曲调，借陈后主之事，鞭笞权贵的荒淫，深刻犀利。

# 游 子 吟

〔唐〕 孟 郊

慈母手中线，游子身上衣。
临行密密缝，意恐迟迟归。
谁言寸草心，报得三春晖。

## 译 文

慈母用手中的针线，为远行的儿子赶制身上的衣衫。
临行前一针针密密地缝缀，怕的是儿子回来晚衣服破损。
有谁敢说，子女像小草那样微弱的孝心，能够报答得了像春晖普泽的慈母恩情呢？

## 赏 析

  这是一首母爱的颂歌。深挚的母爱，无时无刻不在沐浴着儿女们。然而对于孟郊这位常年颠沛流离、居无定所的游子来说，最值得回忆的，莫过于母子分离的痛苦时刻了。此诗描写的就是这种时候，慈母缝衣的普通场景，而表现的，却是诗人深沉的内心情感。

# 游 终 南 山

〔唐〕 孟 郊

南山塞天地,日月石上生。
高峰夜留景,深谷昼未明。
山中人自正,路险心亦平。
长风驱松柏,声拂万壑清。
即此悔读书,朝朝近浮名。

终南山高大雄伟,塞满了整个天地,太阳和月亮都是从山中的石头上升起落下。

当终南山其他地方都已被夜色笼罩时,高高的山峰上还留着落日的余晖;而当终南山其他地方都已经洒满阳光时,深深的幽谷中还是一片昏暗。

终南山矗立在那儿不偏不斜,山中居住的人也和这山一样爽直正派,虽然山路陡峭,崎岖不平,但他们却心地平坦,从不会有路险身危的感觉。

山高风长,长风吹动松柏,松枝松叶在风中呼呼作响,松涛回荡在千山万壑之间,十分清脆激越。

来到终南山见到如此险绝壮美的景色,我真后悔当初为什么要刻苦读书,天天去追求那些虚名浮利。

## 赏 析

此诗赞美终南山的万壑清风,就意味着厌恶长安的十丈红尘;赞美山中的人正心平,就意味着厌恶山外的人邪心险。以"路险"作反衬,突出地歌颂了山中人的心地平坦。

# 从 军 行

〔唐〕 杨 炯

**烽火照西京，心中自不平。**
**牙璋辞凤阙，铁骑绕龙城。**
**雪暗凋旗画，风多杂鼓声。**
**宁为百夫长，胜作一书生。**

### 译文

烽火照耀京都长安，不平之气油然而生。
辞别皇宫，将军手执兵符而去；围敌攻城，精锐骑兵勇猛异常。
大雪纷飞，军旗黯然失色；狂风怒吼，夹杂咚咚战鼓。
我宁愿做个低级军官为国冲锋陷阵，也胜过当个白面书生只会雕句寻章。

### 赏析

这首诗借用乐府旧题"从军行"，描写一个读书士子从军边塞、参加战斗的全过程。仅仅四十个字，既揭示出人物的心理活动，又渲染了环境气氛，笔力极其雄劲，有力地突现出书生强烈的爱国激情和唐军将士气壮山河的精神面貌。

## 渔家傲·秋思

〔北宋〕 范仲淹

塞下秋来风景异，衡阳雁去无留意。四面边声连角起，千嶂里，长烟落日孤城闭。
浊酒一杯家万里，燕然未勒归无计。羌管悠悠霜满地，人不寐，将军白发征夫泪。

### 译文

秋天到了，西北边塞的风光和江南不同。大雁又飞回衡阳了，一点也没有停留之意。黄昏时，军中号角一吹，周围的边声也随之而起。层峦叠嶂里，暮霭沉沉，山衔落日，孤零零的城门紧闭。

饮一杯浊酒，不由得想起万里之外的家乡，未能像窦宪那样战胜敌人，刻石燕然，不能早作归计。悠扬的羌笛响起来了，天气寒冷，霜雪满地。夜深了，将士们都不能安睡。将军为操持军事，须发都变白了；战士们久戍边塞，也流下了伤心的眼泪。

### 赏析

这首词作于北宋与西夏对峙时期。宋仁宗年间，范仲淹被朝廷派往西北前线，承担起北宋西北边疆防卫重任。该词是范仲淹守边愿望和复杂心态的真实袒露。词中反映了边塞生活的艰苦和词人巩固边防的决心和意愿，同时还表现出外患未除、功业未建、久戍边地、士兵思乡等诗人复杂矛盾的心情。

## 水调歌头

〔北宋〕 苏 轼

明月几时有？把酒问青天。不知天上宫阙，今夕是何年。我欲乘风归去，又恐琼楼玉宇，高处不胜寒。起舞弄清影，何似在人间。
转朱阁，低绮户，照无眠。不应有恨，何事长向别时圆？人有悲欢离合，月有阴晴圆缺，此事古难全。但愿人长久，千里共婵娟。

### 译文

明月从什么时候才开始出现的?我端起酒杯遥问苍天。不知道天上的宫殿,是何年何月。我想要乘御清风回到天上,又恐在美玉砌成的楼宇上,受不住高耸九天的寒冷。翩翩起舞玩赏着月下清影,哪像是在人间。

月儿转过朱红色的楼阁,低低地挂在雕花的窗户上,照着没有睡意的自己。明月不该对人们有什么怨恨吧,为什么偏在人们离别时才圆呢?人有悲欢离合的变迁,月有阴晴圆缺的转换,这种事自古以来难以周全。只希望这世上所有人的亲人能平安健康,即便相隔千里,也能共享这美好的月光。

### 赏析

苏轼是一位性格豪放、气质浪漫的诗人,当他抬头遥望中秋明月时,其思想情感犹如长上了翅膀,天上人间自由翱翔。此词也正是借助月亮,表达了对亲人的美好情感。

# 满 江 红

〔北宋〕 岳 飞

**怒发冲冠,凭栏处,潇潇雨歇。抬望眼,仰天长啸,壮怀激烈。三十功名尘与土,八千里路云和月。莫等闲,白了少年头,空悲切!**

**靖康耻,犹未雪。臣子恨,何时灭。驾长车,踏破贺兰山缺。壮志饥餐胡虏肉,笑谈渴饮匈奴血。待从头,收拾旧山河,朝天阙!**

### 译文

我愤怒得头发竖了起来,帽子被顶飞了。独自登高凭栏远眺,骤急的风雨刚刚停歇。抬头远望天空,禁不住仰天长啸,一片报国之心充满心怀。三十多年来虽已建立一些功名,但如同尘土微不足道,南北转战八千里,经过多少风云人生。好男儿,要抓紧时间为国建功立业,不要空空将青春消磨,等年老时徒自悲切。

靖康之变的耻辱,至今仍然没有被雪洗。作为国家臣子的愤恨,何时才能泯灭!我要驾着战车向贺兰山进攻,连贺兰山也要踏为平地。我满怀壮志,打仗饿了就吃敌人的肉,谈笑渴了就喝敌人的鲜血。待我重新收复旧日山河,再带着捷报向国家报告胜利的消息!

这首词,代表了岳飞"精忠报国"的英雄之志,表现出一种浩然正气、英雄气质,表现了报国立功的信心和乐观主义精神。

# 夏日绝句

〔北宋〕 李清照

**生当作人杰,死亦为鬼雄。**
**至今思项羽,不肯过江东。**

## 译文

生时应当做人中豪杰,死后也要做鬼中英雄。
到今天人们还在怀念项羽,因为他不肯苟且偷生,退回江东。

这首诗起调高亢,鲜明地提出了人生的价值取向:人活着就要做人中的豪杰,为国家建功立业;死也要为国捐躯,成为鬼中的英雄。爱国激情,溢于言表,在当时确有振聋发聩的作用。

全诗仅二十个字,连用了三个典故,但无堆砌之弊,因为这都是诗人的心声。如此慷慨雄健、掷地有声的诗篇,出自女性之手,实在是压倒须眉了。

# 永遇乐·京口北固亭怀古

〔南宋〕 辛弃疾

千古江山,英雄无觅,孙仲谋处。舞榭歌台,风流总被雨打风吹去。斜阳草树,寻常巷陌,人道寄奴曾住。想当年,金戈铁马,气吞万里如虎。

元嘉草草,封狼居胥,赢得仓皇北顾。四十三年,望中犹记,烽火扬州路。可堪回首,佛狸祠下,一片神鸦社鼓。凭谁问,廉颇老矣,尚能饭否?

## 译 文

历经千古的江山,再也难找到像孙权那样的英雄。当年的舞榭歌台还在,英雄人物却随着岁月的流逝早已不复存在。斜阳照着长满草树的普通小巷,人们说那是当年刘裕曾经住过的地方。回想当年,他领军北伐、收复失地的时候是何等威猛!

然而刘裕的儿子刘义隆好大喜功,仓促北伐,却反而让北魏太武帝拓跋焘乘机挥师南下,兵抵长江北岸而返,遭到对手的重创。我回到南方已经有四十三年了,仍然记得扬州一带烽火连天的战乱场景。怎么能回首啊,当年拓跋焘的行宫外竟有百姓在那里祭祀,乌鸦啄食祭品,人们过着社日,把他当作一位神祇来供奉,而不知道这里曾是一个皇帝的行宫。还有谁会问,廉颇老了,饭量还好吗?

## 赏 析

全词豪壮悲凉,义重情深,表现出爱国主义的思想光辉。词中用典贴切自然,紧扣题旨,增强了作品的说服力和意境美。

# 示 儿

〔南宋〕 陆 游

死去元知万事空,但悲不见九州同。
王师北定中原日,家祭无忘告乃翁。

### 译文

我本来知道,当我死后,人间的一切就都和我无关了;但唯一使我痛心的,就是我没能亲眼看到祖国的统一。因此,当大宋军队收复了中原失地的那一天到来之时,你们举行家祭,千万别忘把这好消息告诉你们的父亲。

### 赏析

此诗是陆游爱国诗中的又一首名篇。陆游一生致力于抗金斗争,一直希望能收复中原。虽然频遇挫折,却仍然未改变初衷。从诗中可以领会到诗人的爱国激情是何等的执着、深沉、热烈、真挚!此诗也凝聚着诗人毕生的心事,诗人始终如一地抱着当时汉民族必然要光复中原的信念,对抗争事业具有必胜的信心。

# 过零丁洋

〔南宋〕 文天祥

辛苦遭逢起一经，干戈寥落四周星。
山河破碎风飘絮，身世浮沉雨打萍。
惶恐滩头说惶恐，零丁洋里叹零丁。
人生自古谁无死？留取丹心照汗青。

回想我早年由科举入仕历尽辛苦，如今战火消歇已熬过了四个年头。
国家危在旦夕恰如狂风中的柳絮，自己一生的坎坷如雨中浮萍漂泊无根时起时沉。
惶恐滩的惨败让我至今依然惶恐，零丁洋身陷元虏可叹我孤苦伶仃。
人生自古以来有谁能够长生不死？我要留一片爱国的丹心映照史册。

## 赏析

这首诗饱含沉痛悲凉，既叹国运又叹自身，把家国之恨、艰危困厄渲染到极致，但在最后一句却由悲而壮、由郁而扬，迸发出"人生自古谁无死？留取丹心照汗青"的诗句，慷慨激昂、掷地有声，以磅礴的气势、高亢的语调显示了诗人的民族气节和舍生取义的生死观。

## 再见吧,我不幸的乡土哟

### 巴 金

踏上了轮船的甲板以后,我便和中国的土地暂别了,心里自然装满了悲哀和离愁。开船的时候我站在甲板上,望着船慢慢地往后退离开了岸,一直到我看不见岸上高大的建筑物和黄浦江中的外国兵舰,我才掉过头来。我的眼里装满了热泪,我低声说了一句:"再见吧,我不幸的乡土哟!"

再见吧,我不幸的乡土哟,这二十二年来你养育了我。我无日不在你的怀抱中,我无日不受你的扶持。我的衣食取给于你。我的苦乐也是你的赐予。我的亲人生长在这里,我的朋友也散布在这里。在幼年时代你曾使我享受种种的幸福,可是在我有了知识以后你又成了我的痛苦的源泉了。

在这里我看见了种种人间的悲剧,在这里我认识了我们所处的时代,在这里我身受了各种的痛苦。我挣扎,我苦斗,我几次濒于灭亡,我带了遍体的鳞伤。我用了眼泪和叹息埋葬了我的一些亲人,他们是被旧礼教杀了的。

这里有美丽的山水,肥沃的田畴,同时又有黑暗的监狱和刑场。在这里坏人得志、好人受苦,正义受到摧残。在这里人们为了争取自由,不得不从事残酷的斗争。在这里人们在吃他的同类的人。——那许多的惨酷的景象,那许多的悲痛的回忆!

哟,雄伟的黄河,神秘的扬子江哟,你们的伟大的历史在哪里去了?这样的国土,这样的人民,我的心怎么能够离开你们!

再见吧,我不幸的乡土哟!我恨你,我又不得不爱你。

【作者简介】 巴金(1904—2005),原名李尧棠,浙江绍兴人。作家、翻译家、社会活动家。主要作品有《家》《寒夜》《随想录》等。

## 最后一次演讲

### 闻一多

这几天,大家晓得,在昆明出现了历史上最卑劣最无耻的事情!李先生究竟犯了什么罪,竟遭此毒手?他只不过用笔写写文章,用嘴说说话,而他所写的,所说的,都无非是一个没有失掉良心的中国人的话!大家都有一支笔,有一张嘴,有什么理由拿出来讲啊!有事实拿出来说啊！为什么要打要杀，而且又不敢光明正大来打来杀，而偷偷摸摸的来暗杀！这成什么话？今天，这里有没有特务？你站出来！是好汉的站出来！你出来讲，凭什么要杀死李先生？杀死了人，又不敢承认，还要诬蔑人，说什么"桃色事件"，说什么共产党杀共产党。无耻啊！无耻啊！这是某集团的无耻，恰是李先生的光荣！李先生在昆明被暗杀，是李先生留给昆明的光荣，也是昆明人的光荣！

去年"一二·一"昆明青年学生为了反对内战，遭受屠杀，那算是青年的一代献出了他们最宝贵的生命。现在李先生为了争取民主和平而遭受了反动派的暗杀，我们骄傲一点说，这算是象我这样大年纪的一代，我们的老战友，献出了最宝贵的生命！这两桩事发生在昆明，这算是昆明无限的光荣！

反动派暗杀李先生的消息传出以后，大家听了都悲愤痛恨。我心里想，这些无耻的东西，不知他们是怎么想法，他们的心理是什么状态，他们的心怎样长的！其实简单，他们这样疯狂地来制造恐怖，正是他们自己在慌啊！在害怕啊！所以他们制造恐怖，其实是他们自己在恐怖啊！特务们，你们想想，你们还有几天？你们完了，快完了！你们以为打伤几个，杀死几个就可以了事，就可以把人民吓倒了吗？其实广大的人民是打不尽的，杀不完的！要是这样可以的话，世界上早没有人了。

你们杀死一个李公朴，会有千百万个李公朴站起来！你们将失去千百万的人民！你们看着我们人少，没有力量？告诉你们，我们的力量大得很，强得很！看今天来的这些人都是我们的人，都是我们的力量！此外还有广大的市民！我们有这个信心：人民的力量是要胜利的，真理是永远是要胜利的，真理是永远存在的。历史上没有一个反人民的势力不被人民毁灭的！希特勒，墨索里尼，不都在人民之前倒下去了吗？翻开历史看看，你们还站得住几天！你们完了，快了！快完了！我们的光明就要出现了。我们看，光明就在我们眼前，而现在正是黎明之前那个最黑暗的时候。我们有力量打破这个黑暗，争到光明！我们光明，恰是反动派的末日！

现在司徒雷登出任美驻华大使，司徒雷登是中国人民的朋友，是教育家，他生长在中国，受的美国教育。他住在中国的时间比住在美国的时间长，他就如一个中国的留学生一样，从前在北平时，也常见面。他是一位和蔼可亲的学者，是真正知道中国人民的要求的，这不是说司徒雷登有三头六臂，能替中国人民解决一切，而是说美国人民的舆论抬头，美国才有这转变。

李先生的血不会白流的！李先生赔上了这条性命，我们要换来一个代价。"一二·一"四烈士倒下了，年轻的战士们的血换来了政治协商会议的召开；现在李先生倒下了，他的血要换取政协会议的重开。我们有这个信心！

"一二·一"是昆明的光荣，是云南人民的光荣。云南有光荣的历史，远的如护国，这不用说了，近的如"一二·一"，都属于云南人民的。我们要发扬云南光荣的历史！

反动派挑拨离间,卑鄙无耻,你们看见联大走了,学生放暑假了,便以为我们没有力量了吗?特务们!你们看见今天到会的一千多青年,又握起手来了,我们昆明的青年决不会让你们这样蛮横下去的!

反动派,你看见一个倒下去,可也看得见千百个继起的!

正义是杀不完的,因为真理永远存在!

历史赋予昆明的任务是争取民主和平,我们昆明的青年必须完成这任务!

我们不怕死,我们有牺牲的精神!我们随时象李先生一样,前脚跨出大门,后脚就不准备再跨进大门!

【作者简介】 闻一多(1988—1946),原名闻家骅,生于湖北黄冈。中国现代伟大的爱国主义者,坚定的民主战士,中国民主同盟早期领导人,中国共产党的挚友,新月派代表诗人和学者。主要作品有《七子之歌》《死水》。

# 记念刘和珍君

## 鲁 迅

### (一)

中华民国十五年三月二十五日,就是国立北京女子师范大学为十八日在段祺瑞执政府前遇害的刘和珍、杨德群两君开追悼会的那一天,我独在礼堂外徘徊,遇见程君,前来问我道:"先生可曾为刘和珍写了一点什么没有?"我说:"没有"。她就正告我:"先生还是写一点罢,刘和珍生前就很爱看先生的文章。"

这是我知道的,凡我所编辑的期刊,大概是因为往往有始无终之故罢,销行一向就甚为寥落,然而在这样的生活艰难中,毅然预定了《莽原》全年的就有她。我也早觉得有写一点东西的必要了,这虽然于死者毫不相干,但在生者,却大抵只能如此而已。倘使我能够相信真有所谓"在天之灵",那自然可以得到更大的安慰,——但是,现在,却只能如此而已。

可是我实在无话可说。我只觉得所住的并非人间。四十多个青年的血,洋溢在我的周围,使我艰于呼吸视听,那里还能有什么言语?长歌当哭,是必须在痛定之后的。而此后几个所谓学者文人的阴险的论调,尤使我觉得悲哀。我已经出离愤怒了。我将深味这非人间的浓黑的悲凉;以我的最大哀痛显示于非人间,使它们快意于我的苦痛,就将这作为后死者的菲薄的祭品,奉献于逝者的灵前。

(二)

真的猛士,敢于直面惨淡的人生,敢于正视淋漓的鲜血。这是怎样的哀痛者和幸福者?然而造化又常常为庸人设计,以时间的流驶,来洗涤旧迹,仅使留下淡红的血色和微漠的悲哀。在这淡红的血色和微漠的悲哀中,又给人暂得偷生,维持着这似人非人的世界。我不知道这样的世界何时是一个尽头!

我们还在这样的世上活着;我也早觉得有写一点东西的必要了。离三月十八日也已有两星期,忘却的救主快要降临了罢,我正有写一点东西的必要了。

(三)

在四十余被害的青年之中,刘和珍君是我的学生。学生云者,我向来这样想,这样说,现在却觉得有些踌躇了,我应该对她奉献我的悲哀与尊敬。她不是"苟活到现在的我"的学生,是为了中国而死的中国的青年。

她的姓名第一次为我所见,是在去年夏初杨荫榆女士做女子师范大学校长,开除校中六个学生自治会职员的时候,其中的一个就是她,但是我不认识。直到后来,也许已经是刘百昭率领男女武将,强拖出校之后了,才有人指着一个学生告诉我,说:"这就是刘和珍。"其时我才能将姓名和实体联合起来,心中却暗自诧异。我平素想,能够不为势利所屈,反抗一广有羽翼的校长的学生,无论如何,总该是有些桀骜锋利的,但她却常常微笑着,态度很温和。待到偏安于宗帽胡同,赁屋授课之后,她才始来听我的讲义,于是见面的回数就较多了,也还是始终微笑着,态度很温和。待到学校恢复旧观,往日的教职员以为责任已尽,准备陆续引退的时候,我才见她虑及母校前途,黯然至于泣下。此后似乎就不相见。总之,在我的记忆上,那一次就是永别了。

(四)

我在十八日早晨,才知道上午有群众向执政府请愿的事,下午便得到噩耗,说卫队居然开枪,死伤至数百人,而刘和珍君即在遇害者之列。但我对于这些传说,竟至于颇为怀疑。我向来是不惮以最坏的恶意,来推测中国人的,然而我还不料,也不信竟会下劣凶残到这地步。况且始终微笑着的和蔼的刘和珍君,更何至于无端在府门前喋血呢?

然而即日证明是事实了,作证的便是她自己的尸骸。还有一具,是杨德群君的。而且又证明着这不但是杀害,简直是虐杀,因为身体上还有棍棒的伤痕。

但段政府就有令,说她们是"暴徒"!

但接着就有流言,说她们是受人利用的。

惨象,已使我目不忍视了;流言,尤使我耳不忍闻。我还有什么话可说呢?我懂得衰亡民族之所以默无声息的缘由了。沉默呵,沉默呵!不在沉默中爆发,就在沉默中灭亡。

## (五)

但是,我还有要说的话。

我没有亲见,听说,她,刘和珍君,那时是欣然前往的。自然,请愿而已,稍有人心者,谁也不会料到有这样的罗网。但竟在执政府前中弹了,从背部入,斜穿心肺,已是致命的创伤,只是没有便死。同去的张静淑君想扶起她,中了四弹,其一是手枪,立仆;同去的杨德群君又想去扶起她,也被击,弹从左肩入,穿胸偏右出,也立仆。但她还能坐起来,一个兵在她头部及胸部猛击两棍,于是死掉了。

始终微笑的和蔼的刘和珍君确是死掉了,这是真的,有她自己的尸骸为证;沉勇而友爱的杨德群君也死掉了,有她自己的尸骸为证;只有一样沉勇而友爱的张静淑君还在医院里呻吟。当三个女子从容地转辗于文明人所发明的枪弹的攒射中的时候,这是怎样的一个惊心动魄的伟大呵!中国军人的屠戮妇婴的伟绩,八国联军的惩创学生的武功,不幸全被这几缕血痕抹杀了。

但是中外的杀人者却居然昂起头来,不知道个个脸上有着血污……

## (六)

时间永是流驶,街市依旧太平,有限的几个生命,在中国是不算什么的,至多,不过供无恶意的闲人以饭后的谈资,或者给有恶意的闲人作"流言"的种子。至于此外的深的意义,我总觉得很寥寥,因为这实在不过是徒手的请愿。人类的血战前行的历史,正如煤的形成,当时用大量的木材,结果却只是一小块,但请愿是不在其中的,更何况是徒手。

然而既然有了血痕了,当然不觉要扩大。至少,也当浸渍了亲族,师友,爱人的心,纵使时光流驶,洗成绯红,也会在微漠的悲哀中永存微笑的和蔼的旧影。陶潜说过,"亲戚或余悲,他人亦已歌,死去何所道,托体同山阿。"倘能如此,这也就够了。

## (七)

我已经说过:我向来是不惮以最坏的恶意来推测中国人的。但这回却很有几点出于我的意外。一是当局者竟会这样地凶残,一是流言家竟至如此之下劣,一是中国的女性临难竟能如是之从容。

我目睹中国女子的办事,是始于去年的,虽然是少数,但看那干练坚决,百折不回的气概,曾经屡次为之感叹。至于这一回在弹雨中互相救助,虽殒身不恤的事实,则更足为中国女子的勇毅,虽遭阴谋秘计,压抑至数千年,而终于没有消亡的明证了。倘要寻求这一次死伤者对于将来的意义,意义就在此罢。

苟活者在淡红的血色中,会依稀看见微茫的希望;真的猛士,将更奋然而前行。

呜呼,我说不出话,但以此记念刘和珍君!

四月一日。

【作者简介】 鲁迅(1881—1936),原名周树人,浙江绍兴人。中国现代著名文学家、思想家。主要作品有《呐喊》《彷徨》《朝花夕拾》《野草》。

# 背　影

## 朱自清

我与父亲不相见已二年余了,我最不能忘记的是他的背影。那年冬天,祖母死了,父亲的差使也交卸了,正是祸不单行的日子。我从北京到徐州,打算跟着父亲奔丧回家。到徐州见着父亲,看见满院狼藉的东西,又想起祖母,不禁簌簌地流下眼泪。父亲说,"事已如此,不必难过,好在天无绝人之路!"回家变卖典质,父亲还了亏空;又借钱办了丧事。这些日子,家中光景很是惨淡,一半为了丧事,一半为了父亲赋闲。丧事完毕,父亲要到南京谋事,我也要回北京念书,我们便同行。

到南京时,有朋友约去游逛,勾留了一日,第二日上午便须渡江到浦口,下午上车北去。父亲因为事忙,本已说定不送我,叫旅馆里一个熟识的茶房陪我同去。他再三嘱咐茶房,甚是仔细。但他终于不放心,怕茶房不妥帖;颇踌躇了一会儿。其实我那年已二十岁,北京已来往过两三次,是没有什么要紧的了。他踌躇了一会儿,终于决定还是自己送我去。我再三回劝他不必去,他只说,"不要紧,他们去不好!"

我们过了江,进了车站。我买票,他忙着照看行李。行李太多了,得向脚夫行些小费才可过去。他便又忙着和他们讲价钱。我那时真是聪明过分,总觉他说话不大漂亮,非自己插嘴不可,但他终于讲定了价钱,就送我上车。他给我拣定了靠车门的一张椅子;我将他给我做的紫毛大衣铺好座位。他嘱我路上小心,夜里要警醒些,不要受凉,又嘱托茶房好好照应我。我心里暗笑他的迂,他们只认得钱,托他们只是白托!而且我这样大年纪的人,难道还不能料理自己么？唉，我现在想想，那时真是太聪明了！

我说道，"爸爸，你走吧。"他往车外看了看说，"我买几个橘子去。你就在此地，不要走动。"我看那边月台的栅栏外有几个卖东西的等着顾客。走到那边月台，须穿过铁道，须跳下去又爬上去。父亲是一个胖子，走过去自然要费事些。我本来要去的，他不肯，只好让他去。我看见他戴着黑布小帽，穿着黑布大马褂，深青布棉袍，蹒跚地走到铁道边，慢慢探身下去，尚不大难。可是他穿过铁道，要爬上那边月台，就不容易了。他用两手攀着上面，两脚再向上缩，他肥胖的身子向左微倾，显出努力的样子。这时我看见他的背影，我的泪很快地流下来了。我赶紧拭干了泪。怕他看见，也怕别人看见。我再向外看时，他已抱了朱红的橘子往回走了。过铁道时，他先将橘子散放在地上，自己慢慢爬下，再抱起橘子走。到这边时，我赶紧去搀他。他和我走到车上，将橘子一股脑儿放在我的皮大衣上。于是扑扑衣上的泥土，心里很轻松似的。过一会儿说，"我走了，到那边来信！"我望着他走出去。他走了几步，回过头看见我，说，"进去吧，里边没人。"等他的背影混入来来往往的人里，再找不着了，我便进来坐下，我的眼泪又来了。

近几年来，父亲和我都是东奔西走，家中光景是一日不如一日。他少年出外谋生，独力支持，做了许多大事。哪知老境却如此颓唐！他触目伤怀，自然情不能自已。情郁于中，自然要发之于外；家庭琐屑便往往触他之怒。他待我渐渐不同往日。但最近两年不见，他终于忘却我的不好，只是惦记着我，惦记着我的儿子。我北来后，他写了一信给我，信中说道："我身体平安，唯膀子疼痛厉害，举箸提笔，诸多不便，大约大去之期不远矣。"我读到此处，在晶莹的泪光中，又看见那肥胖的、青布棉袍黑布马褂的背影。唉！我不知何时再能与他相见！

【作者简介】 朱自清(1898—1948)，原名自华，号秋实，后改名自清，字佩弦。江苏人。中国现代散文家、诗人、学者、民主战士。主要作品有《荷塘月色》《春》《匆匆》等。

# 走到人生边上·他是否知道自己骗人

## 杨 绛

一九五三年"院系调整"后，我们夫妇同在文学研究所外国文学组工作。同事间有一位古希腊、罗马文学专家。他没有留过学，但自称曾在世界各国留学，而且是和苏联的风云人物某某将军一同飞回中国的。他也是苏联文学专家。但不久就被人识破，他压根儿未出国境一步。可是他确有真才实学,他对于古希腊、罗马的学问,不输于留学希腊的专家。而且他中文功底好,文笔流丽。他还懂俄文,比留学希腊的专家更胜一筹了。他并未失去职位,只成了同事间一位有名的"骗子"——有点滑稽的"骗子"。

我家和他家有缘,曾同住在一个小小办公楼的楼上,对门而居。"骗子"的夫人也是同事,我忘了她什么工作,只记得我和她同岁。她为人敦厚宽和,我们两个很要好,常来往。他家两个儿子、一个女儿常来我家玩。大儿子特聪明,能修电器,常有小小发明。

我看见他们家供着圣约瑟和圣母象,知道他们必是天主教徒,因为新教不供奉圣母。锺书和我猜想,这位先生的古希腊、罗马文,该是从耶稣会的教士学来,准是踏踏实实的。夜深常听到他朗诵中文,我们猜想他好学而能自学,俄文当是自学的。

我们那个小小的办公楼,分住四家。四家合用一个厕所。四家人口不少,早起如厕,每日需排队,而厕所在楼下,我们往往下了楼又上楼。对门的大儿子就发明一个装置,门口装一个小小的红灯泡,红灯亮,即厕所无人。他家门口高悬一幅马克思像,像上马克思脸红了,我们就下楼。那群孩子都聪明,料想爸爸也聪明。我们很好奇,他冒称留学世界各国,他夫人也信以为真吗?他孩子们知道爸爸撒谎吗?

我们两家做邻居的时期并不长久,好象至多一两年。我家迁居后和他们仍有来往。他们夫妇,很早就先后去世,"骗子"先生久已被人遗忘。如果他不骗,可以赢得大家的尊敬。我至今好奇,不知他家里人是否知道虚实。

一个人有所不足,就要自欺欺人。一句谎言说过三次就自己也信以为真的,我们戚友间不乏实例。我立刻想到某某老友就是如此。自欺欺人是人之常情,程度不同而已。这位"骗子"只是一个极端。

【作者简介】　杨绛(1911—2016),本名杨季康,江苏无锡人,中国著名的作家,戏剧家、翻译家。代表作有《我们仨》《走到人生边上》《洗澡之后》。

# 秋天的怀念

史铁生

双腿瘫痪后，我的脾气变得暴怒无常。望着望着天上北归的雁阵，我会突然把面前的玻璃砸碎；听着听着李谷一甜美的歌声，我会猛地把手边的东西摔向四周的墙壁。母亲就悄悄地躲出去，在我看不见的地方偷偷地听着我的动静。当一切恢复沉寂，她又悄悄地进来，眼边红红的，看着我。"听说北海的花儿都开了，我推着你去走走。"她总是这么说。母亲喜欢花，可自从我的腿瘫痪后，她侍弄的那些花都死了。"不，我不去！"我狠命地捶打这两条可恨的腿，喊着："我活着有什么劲！"母亲扑过来抓住我的手，忍住哭声说："咱娘儿俩在一块儿，好好儿活，好好儿活……"可我却一直都不知道，她的病已经到了那步田地。后来妹妹告诉我，她常常肝疼得整宿整宿翻来覆去地睡不了觉。

那天我又独自坐在屋里，看着窗外的树叶"唰唰啦啦"地飘落。母亲进来了，挡在窗前："北海的菊花开了，我推着你去看看吧。"她憔悴的脸上现出央求般的神色。"什么时候？""你要是愿意，就明天？"她说。我的回答已经让她喜出望外了。"好吧，就明天。"我说。她高兴得一会坐下，一会站起："那就赶紧准备准备。""唉呀，烦不烦？几步路，有什么好准备的。"她也笑了，坐在我身边，絮絮叨叨地说着："看完菊花，咱们就去'仿膳'，你小时候最爱吃那儿的豌豆黄儿。还记得那回我带你去北海吗？你偏说那杨树花是毛毛虫，跑着，一脚踩扁一个……"她忽然不说了。对于"跑"和"踩"一类的字眼儿。她比我还敏感。她又悄悄地出去了。

她出去了，就再也没回来。

邻居们把她抬上车时，她还在大口大口地吐着鲜血。我没想到她已经病成那样。看着三轮车远去，也绝没有想到那竟是永远的诀别。

邻居的小伙子背着我去看她的时候，她正艰难地呼吸着，像她那一生艰难的生活。别人告诉我，她昏迷前的最后一句话是："我那个有病的儿子和我那个还未成年的女儿……"

又是秋天，妹妹推我去北海看了菊花。黄色的花淡雅、白色的花高洁、紫红色的花热烈而深沉，泼泼洒洒，秋风中正开得烂漫。我懂得母亲没有说完的话。妹妹也懂。我俩在一块儿，要好好儿活……

【作者简介】 史铁生(1951—2010)，北京人。中国作家、散文家。主要作品有《我与地坛》《务虚笔记》《病隙碎笔》等。

# 忆往述怀·漫谈撒谎（节选）

## 季羡林

世界上所有的堂堂正正的宗教，以及古往今来的贤人哲士，无不教导人们：要说实话，不要撒谎。笼统来说，这是无可非议的。

最近读日本稻盛和夫、梅原猛著，卞立强译的《回归哲学》第四章，梅原和稻盛两人关于不撒谎的议论。梅原说："不撒谎是最起码的道德。自己说过的事要实行，如果错了就说错了——我希望现在的领导人能做到这样最普通的事。苏格拉底可以说是最早的哲学家，在苏格拉底之前有些人自称是诡辩家、智者。所谓诡辩家，就是能把白的说成黑的，站在A方或反A方同样都可以辩论。这样的诡辩家教授辩论术，曾经博得人们欢迎。原因是政治需要颠倒黑白的辩论术。"

在这里，我想先对梅原的话加上一点注解。他所说的"现在领导人"，指的是像日本这样国家的政客。他所说的"政治需要颠倒黑白的辩论术"，指的是古代希腊的政治。

梅原在下面又说："苏格拉底通过对话揭露了掌握这种辩论术的诡辩家的无智。因而他宣称自己不是诡辩家，不是智者，而是'爱智者'。这是最初的哲学。我认为哲学家应当回归其原点，恢复语言的权威。也就是说，道德的原点是'不撒谎'。……不撒谎是道德的基本和核心。"

梅原把"不撒谎"提高到"道德原点"的高度，可见他对这个问题是多么重视。我们且看一看他的对话者稻盛是怎样对待这个问题的。稻盛首先表示同意梅原的意见。可是，随后他就撒谎问题作了一些具体的分析。他讲到自己的经历，他说，有一个他敬仰的颇有点浪漫气息的人对他说："稻盛，不能说假话，但也不必说真话。"他听了这话，简直高兴得要跳起来。接着他就写了下面一段话："我从小父母也是严格教导我不准撒谎。我当上了经营的负责人之后，心里还是这么想：说谎可不行啊！可是，在经营上有关企业的机密和人事等问题，有时会出现很难说真话的情况。我想我大概是为这些难题苦恼时而跟他商量的。他的这种回答在最低限度上贯彻了'不撒谎'的态度，但又不把真实情况和盘托出，这样就可以求得局面的打开。"

上面我引用了两位日本朋友的话，一位是著名的文学家，一位是著名的企业家。他们俩都在各自的行当内经过了多年的考验与磨炼，都富于人生经验。他们的话对我们会有启发的。我个人觉得，稻盛引用的他那位朋友的话："不能说假话，但也不必说真话"。最值得我们深思。我的意思就是，对撒谎这类的社会现象，我们要进行细致的分析。

【作者简介】季羡林(1911—2009)，字希逋，又字齐奘。山东省聊城市临清人。著名的古文字学家、历史学家、东方学家、思想家、翻译家、佛学家、作家。其著作已汇编成《季羡林文集》，共24卷。

## 碎句与短章·诚信与尊严

周国平

诚信被视为最重要的商业道德，而诚信的缺乏是转入市场经济以来最令国人头痛的问题之一。若要追寻问题的根源，从文化上看，便是人的尊严的观念之缺失。

什么是诚信呢？就是在与人打交道时，仿佛如此说：我要把我的真实想法告诉你，并且一定会对它负责。这就是诚实和守信用。当你这样说时，你是非常自尊的，是把自己当作一个有尊严的人看待的。同时，又仿佛如此说：我要你把你的真实想法告诉我，并相信你一定会对它负责。这就是信任。当你这样说时，你是非常尊重对方的，是把他当作一个有尊严的人看待的。可见诚信是以打交道的双方共有的人的尊严之意识为基础的，只要一方没有尊严，就难以建立起诚信的关系。

现在的问题是，如果你是一个有尊严的人，对方却没有，你和他还讲不讲诚信？我的回答是，仍然要讲，在这种情况下，你的诚信就表现在明确告诉他：你是一个没有尊严的人，我不和你打交道！决不能用欺诈对付欺诈，而应该形成一种氛围，使那些不讲诚信的人遭到蔑视和孤立，也许这正是走向诚信的第一步。

【作者简介】 周国平(1945—　　)，上海人。中国当代著名学者、作家、哲学研究者。著有《尼采：在世纪的转折点上》《尼采与形而上学》，散文集《守望的距离》《各自的朝圣路》《安静》《善良·丰富·高贵》，纪实作品《妞妞：一个父亲的札记》《岁月与性情——我的心灵自传》《偶尔远行》《宝贝，宝贝》，随感集《人与永恒》《风中的纸屑》《碎句与短章》，诗集《忧伤的情欲》，以及《人生哲思录》《周国平人文讲演录》等，译有《尼采美学文选》《尼采诗集》《偶像的黄昏》等。

## 我的人生追求

〔英国〕 罗 素

我对爱寻寻觅觅，首先因为爱给我带来莫大的欣喜，它令我如此心醉神迷，以至为了这种爱的片刻欢娱，我常常宁愿抛却我的余生。我对爱寻寻觅觅，其次因为爱使我摆脱无边的孤寂，置身于那种可怕的孤独中，感觉好像胆战心惊地立于世界的边缘，俯瞰寒气逼人、深不可测、死气沉沉的地狱。我对爱寻寻觅觅，最后因为在爱的结合中，我看到了圣贤和诗人所想像的天堂幻象的神秘缩影。这就是我所寻觅的,尽管对人世间而言,它可能显得可望而不可即,但这却是最终我所找到的。

我以同样的激情追求知识。我渴望了解人们的心灵。我渴望知道满天星辰为何闪烁发光。我竭力去参透毕达哥拉斯发现的主宰世事变化的力量。在这一方面,我略有收获,但是收获并不大。

爱与知识,尽其可能将我引向天堂。但是,怜悯总是又将我带回人世间。惨痛的哭号在我心中回荡。忍饥挨饿的儿童,备受压迫者欺凌的受害者,被子女们视作可憎的负担的无助老人,以及孤独、贫困、痛苦的整个世界,都在愚弄着人类生活的本来面目。我渴望能减轻这些邪恶,但是我力不从心,而我自己也受尽苦难。

这就是我的人生。我觉得自己不枉此生,如有机会,我会欣然再过一生。

**【作者简介】** 伯特兰·罗素(1872—1970),二十世纪英国哲学家、数理逻辑学家、历史学家,无神论者,也是20世纪西方最著名、影响最大的学者和和平主义社会活动家之一。

# 列车上的偶然相遇

〔美〕 阿历克斯·哈利

我们兄弟姐妹无论何时相聚在一起,总是免不了谈论起我们的父亲,以及父亲那个晚上在火车里遇到的神秘的先生。

我们是黑人。父亲西蒙·阿历克斯·哈利,1892年出生在美国田纳西州的一个小农场里。作为刚被解放了的黑奴的儿子,可以想见他的地位之卑微。当他吵着要去上大学时,祖父总共只给了他50美元:"就这么些,一个子儿也不会加了。"凭着克勤克俭,父亲艰辛地读完了预科班,接着又考取了北卡罗来纳州格林斯堡大学,勉强读到二年级。一个烈日炎炎的下午,父亲被召进教师办公室。他被告知:因为无钱买课本的那一门功课的考试不及格。失败的沉重负担,使他抬不起头来:"也许该回农场去了吧。"……

几天以后,父亲收到客车公司的一封信:"从几百名应聘者中,你被选上作为夏季旅客列车的临时服务员。"父亲匆匆忙忙地去报到,上了布法罗开往兹堡的火车。显然,不积累点路费,又怎么回农场呢?

清晨二点钟,车厢内拥挤闷热,忠于职守的父亲穿着白色的工作服,仍在颠簸的车厢里缓缓巡回。一位穿着讲究的男子叫住了他,他说他与妻子都无法入睡,想要一杯热牛奶。父亲不一会儿就在银色的托盘里放了两杯热牛奶与餐巾,穿过拥挤的车厢,极为规范地端到这位男子面前。这人递给他妻子一杯,又递给父亲5美元小费,随后,慢慢地从杯中一口一口地呷着牛奶,并开始了交谈。

"你从哪来?""田纳西州的大草原,先生。""这么晚了,你还工作?""这是车上的规矩,先生。""太好了。做这工作之前你干什么?""我是格林斯堡大学的学生,先生。但我如今正准备回家种田。"这样交谈了半小时。

整个夏季,父亲一直在火车上干活,他积攒了不少钱,远远超出了回家的路费。父亲想,这点积蓄已够整整一学期的学费,何不再试一学期,看看究竟能取得怎么样的成绩?他又回到了格林斯堡大学。

翌日他就被人叫进校长室。父亲怀着忐忑不安的心情在这位威严的人面前坐定。

"我刚收到一封信,西蒙。"校长说,"整个夏季,你都在客车上当服务员?""是的,先生。""有一天夜里,你为一位先生端过牛奶?""是的,先生。""是这样的,他的名字叫M·博西先生,他是那家发行《星期六晚报》的出版公司的退休了的总经理。他已为你整个一学年的伙食、学费以及书费捐赠了500美元。"

父亲惊讶得目瞪口呆。这出人意外的恩惠使父亲不用再每天奔波于学校、打工餐馆之间,使他以全班第一的成绩毕业。最后父亲又以优异的成绩获得纽约埃塔卡大学的全额奖学金。

30年后的一天,巧了,我也来到了《星期六晚报》社。那是这家著名的报社为我写的《马尔科姆自传》的修改问题而请我去的。坐在豪华的大办公室里,我突然想起了博西先生,正是他的帮助,改变了我们一家的发展轨迹。

当然,这位神秘的博西先生之所以给我父亲一次机会,是因为父亲首先显示出了一个人的真正价值:执着、认真。后来,他抓住这机会,克服了许许多多的困苦,成为一个很有学问、受人尊敬的人,也为我们兄弟姐妹创造了一个良好的教育环境。我的哥哥乔治是美国邮政定价委员会主席,妹妹朱丽叶是一位建筑师,露伊丝是位音乐老师。我本人呢,是曾获得普利策奖的著名小说《根》的作者。

【作者简介】 阿历克斯·哈利(1921—1992),黑人作家。生于纽约州伊萨卡。哈利在对冈比亚有关的口头传说进行了调查研究,发现自己家庭的根可追溯到七代之前的一个非洲人,他作为奴隶于1767年被运到安纳波利斯。哈利以大量的史实作基础,增补了一些细节,写成了《根》一书。这部黑人家史获得1977年普利策特别奖,在美国被改编成电视连续剧,上演后轰动一时。

# 《论语》十则

  子曰："学而时习之，不亦说（yuè）乎？有朋自远方来，不亦乐乎？人不知而不愠（yùn），不亦君子乎？"

  曾子曰："吾日三省（xǐng）吾身。为（wèi）人谋而不忠乎？与朋友交而不信乎？传（chuán）不习乎？"

  子曰："温故而知新，可以为师矣。"

  子曰："学而不思则罔（wǎng），思而不学则殆（dài）。"

  子曰："由，诲女（rǔ）知之乎！知之为知之，不知为不知，是知（zhì）也。"

  子曰："见贤思齐焉，见不贤而内自省（xǐng）也。"

  子曰："三人行，必有我师焉。择其善者而从之，其不善者而改之。"

  曾子曰："士不可以不弘毅，任重而道远。仁以为己任，不亦重（zhòng）乎？死而后已，不亦远乎？"

  子曰："岁寒，然后知松柏（bǎi）之后凋也。"

  子贡问曰："有一言而可以终身行之者乎？"子曰："其恕乎！己所不欲，勿施于人。"

## 译文

　　孔子说:"学习并且按时地去复习,不也很快乐吗?有志同道合的人从远方来,不也很高兴吗?别人不了解我但我不生气,不也是道德上有修养的人吗?"

　　曾子说:"我每天多次地反省自己:替别人办事是不是尽心尽力呢?跟朋友交往是不是真诚,诚实呢? 老师传授的知识是否复习过了呢?"

　　孔子说:"复习学过的知识,可从中获得新的见解与体会,凭借这点就可以当老师了。"

　　孔子说:"只学习却不思考,就会感到迷茫而无所适从,只是思考而不学习,就会疑惑而无所得。"

　　孔子说:"仲由啊,让为师教导你对待知与不知的态度吧!知道就是知道,不知道就是不知道,这才是聪明的。"

　　孔子说:"看见有才能的人(德才兼备的人)就向他学习,希望能向他看齐;看见不贤的人,就反省自己有没有和他一样的缺点。"

　　孔子说:"几个人在一起行走,其中必定有可作为我的老师的人,要选择他们的长处来学习,如果看到他们的缺点要反省自己有没有像他们一样的缺点,若有,要一起加以改正。"

　　曾子说:"有抱负的人不可以不胸怀宽广,意志坚定,因为他肩负着重大的使命(或责任),路途又很遥远。把实现'仁'的理想看作自己的使命,不也很重大吗?直到死才停止,这不也是很遥远吗?"

　　孔子说:"直到每年中最寒冷的季节,才知道松柏是最后落叶的。"

　　子贡问道:"有没有可以终身奉行的一个字呢?"孔子说:"那大概就是'恕'字吧!自己不喜欢的事物,不要强行加于别人身上。"

# 礼记·学记（节选）

发虑宪，求善良，足以謏（xiǎo）闻，不足以动众。就贤体远，足以动众，未足以化民。君子如欲化民成俗，其必由学乎！

玉不琢，不成器；人不学，不知道。是故古之王者，建国君民，教学为先。《兑（yuè）命》曰："念终始典于学。"其此之谓乎！

虽有佳肴（yáo），弗食，不知其旨也；虽有至道，弗学，不知其善也。是故学然后知不足，教然后知困。知不足，然后能自反也，知困，然后能自强（qiǎng）也。故曰：教（jiào）学相长也。《兑命》曰："学（xiào）学半。"其此之谓乎？

（执政者）发布政令，征求品德善良（的人士辅佐自己），可以得到小小的声誉，不能够感动群众；（如果他们）接近贤明之士，亲近和自己疏远的人，可以感动群众，但不能起到教化百姓的作用。君子想要教化百姓，并形成好的风俗，就一定要重视设学施教啊！

玉石不经雕琢，就不能变成好的器物；人不经过学习，就不会明白道理。所以古代的君王，建立国家，统治人民，首先要设学施教。《尚书·兑命》篇"始终要以设学施教为主"，就是谈的这个道理啊！

尽管有味美可口的菜肴，不吃是不会知道它的美味的；尽管有高深完善的道理，不学习也不会了解它的好处。所以，通过学习才能知道自己的不足，通过教人才能感到困惑。知道自己学业的不足，才能反过来严格要求自己；感到困惑然后才能不倦的钻研。所以说，教与学是互相促进的。《兑命》篇"（在教学过程中）教与学是一个事情的两个方面"，就是说的这个道理啊！

# 纪昌学射

〔战国〕 列御寇

### 原文

甘蝇,古之善射者,彀(gòu)弓而兽伏鸟下。弟子名飞卫,学射于甘蝇,而巧过其师。纪昌者,又学射于飞卫。飞卫曰:"尔先学不瞬,而后可言射矣。"

纪昌归,偃(yǎn)卧其妻之机下,以目承牵挺。二年后,虽锥末倒眦(zì),而不瞬也。以告飞卫。飞卫曰:"未也,必学视而后可。视小如大,视微如著,而后告我。"

昌以牦悬虱于牖(yǒu),南面而望之。旬日之间,浸大也;三年之后,如车轮焉。以睹余物,皆丘山也。乃以燕角之弧,朔蓬之簳(gǎn)射之,贯虱(shī)之心,而悬不绝。以告飞卫。飞卫高蹈拊膺(yīng)曰:"汝得之矣!"

### 译文

甘蝇是古代擅长射箭的人。拉上满弓还未发射,鸟兽便都趴下了。有个弟子飞卫,向甘蝇学习射箭,(技艺)又超过其师傅。纪昌,又向飞卫学习射箭。飞卫说:"你先学不眨眼睛,然后才能谈及射箭。"

纪昌回到家,仰卧在妻子的织布机下,眼睛注视着梭子(练习不眨眼睛)。两年后,即使用锥尖刺(纪昌的)眼皮,他也不会眨眼。(他把这件事)告诉飞卫,飞卫说:"功夫还不到家,还要学会看东西才可以——看小的好像看大件,看微小的好像看到很显著的(才行),然后再来告诉我。"

纪昌用牦牛毛系着虱子悬挂在窗户上,面向南远远地看着它。十天过后,(虱子在纪昌眼中)渐渐变大;三年之后,感觉像车轮般大了。看周围其余东西,都像山丘般大。于是就用燕国牛角装饰的弓,北方蓬杆造成的箭,射向虱子,正穿透虱子中心,而拴虱子的毛却没断。(把这件事)告诉飞卫。飞卫高兴地跳高拍胸说:"你掌握技巧了。"

# 劝学(节选)

〔战国〕 荀 子

## 原 文

君子曰:学不可以已。青,取之于蓝,而青于蓝;冰,水为之,而寒于水。木直中绳,鞣(róu)以为轮,其曲中规。虽有(yòu)槁暴(pù),不复挺者,鞣使之然也。故木受绳则直,金就砺则利,君子博学而日参省乎己,则知(zhì)明而行无过矣。

吾尝终日而思矣,不如须臾之所学也;吾尝跂(qǐ)而望矣,不如登高之博见也。登高而招,臂非加长也,而见者远;顺风而呼,声非加疾也,而闻者彰。假舆(yú)马者,非利足也,而致千里;假舟楫(jí)者,非能水也,而绝江河。君子生(xìng)非异也,善假于物也。

积土成山，风雨兴焉；积水成渊，蛟(jiāo)龙生焉；积善成德，而神明自得，圣心备焉。故不积跬(kuǐ)步，无以至千里；不积小流，无以成江海。骐骥一跃，不能十步；驽马十驾，功在不舍。锲(qiè)而舍之，朽木不折；锲而不舍，金石可镂。蚓无爪牙之利，筋骨之强，上食埃土，下饮黄泉，用心一也。蟹六跪而二螯(áo)，非蛇鳝之穴无可寄托者，用心躁也。

## 译文

君子说：学习是不可以停止的。譬如靛青这种染料是从蓝草里提取的，然而却比蓝草的颜色更深；冰块是冷水凝结而成的，然而却比水更寒冷。木材笔直，合乎墨线，但是(可以用火萃取)使它弯曲成车轮，(那么)木材的弯度(就)(圆到)如圆规画的一般标准了，即使又晒干了，(木材)也不会再挺直，是因为用火萃取使它成为这样的。所以木材经墨线比量过就变得笔直，金属制的刀剑拿到磨刀石上去磨就能变得锋利，君子广博地学习，并且每天检验并反省自己，那么他就会智慧明理，行为也没有过错了。

我曾经一天到晚地冥思苦想，(却)比不上片刻学到的知识(收获大)；我曾经踮起脚向远处望，(却)不如登到高处见得广。登到高处招手，手臂并没有加长，可是远处的人却能看见；顺着风喊，声音并没有加大，可是听的人却能听得很清楚。借助车马的人，并不是脚步快，却可以达到千里之外，借助舟船的人，并不善于游泳，却可以横渡长江黄河。君子的资质秉性跟一般人没什么不同，(只是)善于借助外物罢了。

堆积土石成了高山，风雨就从这里兴起了；汇积水流成为深渊，蛟龙就从这里产生了；积累善行养成高尚的品德，自然会心智澄明，也就具有了圣人的精神境界。所以不积累一步半步的行程，就没有办法达到千里之远；不积累细小的流水，就没有办法汇成江河大海。骏马一跨越，也不足十步远；劣马拉车走十天，(也可以走远，)它的成绩来源于走个不停。(如果)刻几下就停下来了，(那么)腐烂的木头也刻不断。(如果)不停地刻下去，(那么)金石也能被雕刻成。蚯蚓没有锐利的爪子和牙齿，强健的筋骨，却能向上吃到泥土，向下喝到土壤里的水，这是由于它用心专一啊。螃蟹有六条腿，两个蟹钳，(但是)如果没有蛇、鳝的洞穴它就无处存身，这是因为它用心浮躁啊。

# 庖丁解牛

〔战国〕 庄 子

庖(páo)丁为文惠君解牛,手之所触,肩之所倚,足之所履(lǚ),膝之所踦(yǐ),砉(huā)然响然,奏刀騞(huō)然,莫不中音。合于桑林之舞,乃中经首之会。

文惠君曰:"嘻,善哉!技盖(hé)至此乎?"

庖丁释刀对曰:"臣之所好者道也,进乎技矣。始臣之解牛之时,所见无非牛者。三年之后,未尝见全牛也。方今之时,臣以神遇而不以目视,官知止而神欲行。依乎天理,批大郤(xì),导大窾(kuǎn),因其固然。技经肯綮(qìng)之未尝,而况大軱(gū)乎!良庖岁更刀,割也;族庖月更刀,折也。今臣之刀十九年矣,所解数千牛矣,而刀刃若新发于硎(xíng)。彼节者有间,而刀刃者无厚;以无厚入有间,恢恢乎其于游刃必有余地矣,是以十九年而刀刃若新发于硎。虽然,每至于族,吾见其难为,怵(chù)然为戒,视为止,行为迟。动刀甚微,謋(huò)然已解,如土委地。提刀而立,为之四顾,为之踌躇满志,善刀而藏之。"

文惠君曰:"善哉,吾闻庖丁之言,得养生焉。"

## 译文

  有一个名叫丁的厨师替梁惠王宰牛,手所接触的地方,肩所靠着的地方,脚所踩着的地方,膝所顶着的地方,都发出皮骨相离声,刀子刺进去时响声霍霍,这些声音没有不合乎音律的。它竟然同《桑林》《经首》两首乐曲伴奏的舞蹈节奏合拍。

  梁惠王说:"嘻!好啊!你的技术怎么会高明到这种程度呢?"

  庖丁放下刀子回答说:"臣下所探究的是事物的规律,这已经超过了一般的技术了。当初我刚开始宰牛的时候,(对于牛体的结构还不了解),无非看见的只是整头的牛。三年之后,(见到的是牛的内部肌理筋骨),再也看不见整头的牛了。现在宰牛的时候,臣下只是用精神去接触牛的身体就可以了,而不必用眼睛去看,就像感官停止活动了而全凭精神意愿在活动。顺着牛的肌理结构,劈开筋骨间大的空隙,沿着骨节间的空穴使刀,都是依顺着牛体本来的结构。宰牛的刀从来没有碰过经络相连的地方、紧附在骨头上的肌肉和肌肉聚结的地方,更何况股部的大骨呢?技术高明的厨工每年换一把刀,是因为他们用刀子去割肉。技术一般的厨工每月换一把刀,是因为他们用刀子去砍骨头。现在臣下的这把刀已用了十九年了,宰牛数千头,而刀口却像刚从磨刀石上磨出来的一样。牛身上的骨节是有空隙的,可是刀刃却并不厚,用这样薄的刀刃刺入有空隙的骨节,那么在运转刀刃时一定宽绰而有余地了,因此用了十九年而刀刃仍像刚从磨刀石上磨出来一样。虽然如此,可是每当碰上筋骨交错的地方,我一见那里难以下刀,就十分警惧而小心翼翼,目光集中,动作放慢。刀子轻轻地动一下,哗啦一声骨肉就已经分离,像一堆泥土散落在地上了。我提起刀站着,为这一成功而得意地四下环顾,一副悠然自得、心满意足的样子。拭好了刀把它收藏起来。"

  梁惠王说:"好啊!我听了庖丁的话,学到了养生之道啊。"

# 师 说

〔唐〕 韩 愈

古之学者必有师。师者，所以传道受业解惑也。人非生而知之者，孰能无惑？惑而不从师，其为惑也，终不解矣。生乎吾前，其闻道也固先乎吾，吾从而师之；生乎吾后，其闻道也亦先乎吾，吾从而师之。吾师道也，夫(fú)庸知其年之先后生于吾乎？是故无贵无贱，无长无少，道之所存，师之所存也。

嗟(jiē)乎！师道之不传也久矣！欲人之无惑也难矣！古之圣人，其出人也远矣，犹且从师而问焉；今之众人，其下圣人也亦远矣，而耻学于师。是故圣益圣，愚益愚。圣人之所以为圣，愚人之所以为愚，其皆出于此乎？爱其子，择师而教之；于其身也，则耻师焉，惑矣。彼童子之师，授之书而习其句读(dòu)者，非吾所谓传其道解其惑者也。句读之不知，惑之不解，或师焉，或不(fǒu)焉，小学而大遗，吾未见其明也。巫医乐师百工之人，不耻相师。士大夫之族，曰师曰弟子云者，则群聚而笑之。问之，则曰："彼与彼年相若也，道相似也。位卑则足羞，官盛则近谀(yú)。"呜呼！师道之不复可知矣。巫医乐师百工之人，君子不齿，今其智乃反不能及，其可怪也欤(yú)！

圣人无常师。孔子师郯(tán)子、苌弘、师襄(xiāng)、老聃(dān)。郯子之徒，其贤不及孔子。孔子曰：三人行，则必有我师。是故弟子不必不如师，师不必贤于弟子，闻道有先后，术业有专攻，如是而已。

李氏子蟠(pán)，年十七，好古文，六艺经传皆通习之，不拘于时，学于余。余嘉其能行古道，作师说以贻(yí)之。

古代求学的人一定有老师。老师，是(可以)依靠来传授道理、教授学业、解答疑难问题的。人不是生下来就懂得道理的,谁能没有疑惑?(有了)疑惑,如果不跟从老师(学习),那些疑难问题,始终不能解决。生在我之前,他懂得道理本来就早于我,我(应该)跟从(他)把他当作老师;生在我之后,(如果)他懂得的道理也早于我,我(也应该)跟从(他)把他当作老师。我(是向他)学习道理啊,哪管他的出生比我早还是比我晚呢?因此,无论地位高低贵贱,无论年纪大小,道理存在的地方,就是老师存在的地方。

唉,(古代)从师(学习)的风尚不流传已经很久了,想要人没有疑惑难啊!古代的圣人,他们超出一般人很多,尚且跟从老师而请教;现在的一般人,他们(的才智)比圣人差很远,却以向老师学习为耻。因此圣人就更加圣明,愚人就更加愚昧。圣人之所以能成为圣人,愚人之所以能成为愚人,大概都出于此因吧?(人们)爱他们的孩子,就选择老师来教他,(但是)对于他自己呢,却以跟从老师(学习)为可耻,真是糊涂啊!那些孩子们的老师,是教他们读书,(帮助他们)学习断句的,不是我所说的能传授那些道理,解答那些疑难问题的老师。(一方面)不通晓句读,(另一方面)不能解决疑惑,有的(句读)向老师学习,有的(疑惑)却不向老师学习;小的方面倒要学习,大的方面反而放弃(不学),我没看出那种人是明智的。巫医乐师和各种工匠这些人,不以互相学习为耻。士大夫这类人,(听到)称"老师"称"弟子"的,就成群聚在一起讥笑人家。问他们(为什么讥笑),就说:"他和他年龄差不多,道德学问也差不多,(以)地位低(的人为师),就觉得羞耻,(以)官职高(的人为师),就近乎谄媚了。"唉!(古代那种)跟从老师学习的风尚不能恢复,(从这些话里就)可以明白了。巫医乐师和各种工匠这些人,士大夫们不屑一提,现在士大夫们的见识竟反而赶不上(这些人),真是令人奇怪啊!

圣人没有固定的老师。孔子曾以郯子、苌弘、师襄、老聃为师。郯子这些人,他们的贤能都比不上孔子。孔子说:"几个人一起走,(其中)一定有(可以当)我的老师(的人)。"因此学生不一定不如老师,老师不一定比学生贤能,学习道理有早有晚,学问技艺各有专长,如此罢了。

李家的孩子叫李蟠,十七岁了,喜欢古文,六经的经文和传文都普遍地学习了,不受时俗的拘束,向我学习。我赞许他能够遵行古人(从师)的途径,写这篇《师说》来赠送他。

# 游褒禅山记

〔北宋〕 王安石

## 原文

褒(bāo)禅山亦谓之华(huá)山,唐浮图慧褒始舍(shè)于其址,而卒葬之;以故其后名之曰"褒禅"。今所谓慧空禅院者,褒之庐冢(zhǒng)也。距其院东五里,所谓华山洞者,以其乃华山之阳名之也。距洞百余步,有碑仆道,其文漫灭,独其为文犹可识曰"花山"。今言"华"如"华实"之"华"者,盖音谬(miù)也。

其下平旷,有泉侧出,而记游者甚众,所谓前洞也。由山以上五六里,有穴窈(yǎo)然,入之甚寒,问其深,则其好游者不能穷也,谓之后洞。余与四人拥火以入,入之愈深,其进愈难,而其见愈奇。有怠(dài)而欲出者,曰:"不出,火且尽。"遂与之俱出。盖余所至,比好游者尚不能十一,然视其左右,来而记之者已少。盖其又深,则其至又加少矣。方是时,余之力尚足以入,火尚足以明也。既其出,则或咎(jiù)其欲出者,而余亦悔其随之,而不得极夫游之乐也。

于是余有叹焉。古人之观于天地、山川、草木、虫鱼、鸟兽,往往有得,以其求思之深而无不在也。夫(fú)夷以近,则游者众;险以远,则至者少。而世之奇伟、瑰怪,非常之观,常在于险远,而人之所罕至焉,故非有志者不能至也。有志矣,不随以止也,然力不足者,亦不能至也。有志与力,而又不随以怠,至于幽暗昏惑而无物以相之,亦不能至也。然力足以至焉,于人为可讥,而在己为有悔;尽吾志也而不能至者,可以无悔矣,其孰能讥之乎?此余之所得也!

余于仆碑,又以悲夫古书之不存,后世之谬其传而莫能名者,何可胜(shēng)道也哉!

此所以学者不可以不深思而慎取之也。

四人者：庐陵萧君圭(guī)君玉，长乐王回深父(fǔ)，余弟安国平父、安上纯父。

至和元年七月某日，临川王某记。

褒禅山也称为华山。唐代和尚慧褒当初在这里筑室居住，死后又葬在那里；因为这个缘故，后人就称此山为褒禅山。如今人们所说的慧空禅院，就是慧褒和尚的墓舍。距离那禅院东边五里，是人们所说的华山洞，因为它在华山南面而这样命名。距离山洞一百多步，有一座石碑倒在路旁，上面的文字已被剥蚀、损坏近乎磨灭，只有从勉强能认得出的地方还可以辨识出"花山"的字样。如今将"华"读为"华实"的"华"，是(因字同而产生的)读音上的错误。

由此向下的那个山洞平坦而空阔，有一股山泉从旁边涌出，在这里游览、题记的人很多，(这就)叫做"前洞"。经由山路向上五六里，有个洞穴，一派幽深的样子，进去便(感到)寒气逼人，打问它的深度，就是那些喜欢游险的人也未能走到尽头——这是人们所说的"后洞"。我与四个人打着火把走进去，进去越深，前进越困难，而所见到的景象越奇妙。有个懈怠而想退出的伙伴说："再不出去，火把就要熄灭了。"于是，只好都跟他退出来。我们走进去的深度，比起那些喜欢游险的人来，大概还不足十分之一，然而看看左右的石壁，来此而题记的人已经很少了。洞内更深的地方，大概进来的游人就更少了。当决定从洞内退出时，我的体力还足够前进，火把还能继续照明。我们出洞以后，就有人埋怨那主张退出的人，我也后悔跟他出来，而未能极尽游洞的乐趣。

对于这件事我有所感慨。古人观察天地、山川、草木、虫鱼、鸟兽，往往有所得，是因为他们探究、思考深邃而且广泛。平坦而又近的地方，前来游览的人便多；危险而又远的地方，前来游览的人便少。但是世上奇妙雄伟、珍异奇特、非同寻常的景观，常常在那险阻、僻远，少有人至的地方，所以，不是有意志的人是不能到达的。(虽然)有了志气，也不盲从别人而停止，但是体力不足的，也不能到达。有了志气与体力，也不盲从别人、有所懈怠，但到了那幽深昏暗而使人感到模糊迷惑的地方却没有必要的外物支持他，也是不能到达。可是，力量足以达到目的(而未能达到)，在别人(看来)是可以讥笑的，在自己来说也是有所悔恨的；尽了自己的主观努力而未能达到，便可以无所悔恨，这难道谁还能讥笑吗？这就是我这次游山的收获。

对于那座倒地的石碑，我又感叹古代刻写的文献未能存留，后世讹传而无人弄清其真相的事，哪能说得完呢？这就是学者不可不深入思考而谨慎地援用资料的缘故。

同游的四个人是：庐陵人萧君圭，字君玉；长乐人王回，字深甫；我的弟弟王安国，字平甫；王安上，字纯甫。

至和元年七月，临川人王安石记。

# 核 舟 记

〔明〕 魏学洢

　　明有奇巧人曰王叔远，能以径寸之木，为宫室、器皿、人物，以至鸟兽、木石，罔(wǎng)不因势象形，各具情态。尝贻(yí)余核舟一，盖大苏泛赤壁云。

　　舟首尾长约八分有奇，高可二黍(shǔ)许。中轩敞者为舱，箬(ruò)篷覆之。旁开小窗，左右各四，共八扇。启窗而观，雕栏相望焉。闭之，则右刻"山高月小，水落石出"，左刻"清风徐来，水波不兴"，石青糁(sǎn)之。

　　船头坐三人，中峨冠而多髯(rán)者为东坡，佛印居右，鲁直居左。苏、黄共阅一手卷。东坡右手执卷端，左手抚鲁直背。鲁直左手执卷末，右手指卷，如有所语。东坡现右足，鲁直现左足，各微侧，其两膝相比者，各隐卷底衣褶(zhě)中。佛印绝类弥勒，袒胸露乳，矫首昂视，神情与苏、黄不属。卧右膝，诎(qū)右臂支船，而竖其左膝，左臂挂念珠倚之——珠可历历数也。

　　舟尾横卧一楫(jí)。楫左右舟子各一人。居右者椎髻(jì)仰面，左手倚一衡木，右手攀右趾，若啸呼状。居左者右手执蒲葵扇，左手抚炉，炉上有壶，其人视端容寂，若听茶声然。

　　其船背稍夷，则题名其上，文曰"天启壬戌(xū)秋日，虞山王毅叔远甫刻"，细若蚊足，钩画了了，其色墨。又用篆章一，文曰"初平山人"，其色丹。

　　通计一舟，为人五；为窗八；为箬篷，为楫，为炉，为壶，为手卷，为念珠各一；对联、题名并篆文，为字共三十有四；而计其长曾不盈寸。盖简桃核修狭者为之。

　　嘻，技亦灵怪矣哉！

　　明朝(有一个)有特殊技艺(技艺精巧)的人名字叫王叔远。(他)能用直径一寸的木头，雕刻出宫殿、器具、人物，还有飞鸟、走兽、树木、石头，没有一件不是根据木头原来的样子模拟那些东西的形状，各有各的神情姿态。(他)曾经送给我一个用桃核雕刻成的小船，刻的是苏轼乘船游赤壁(的情形)。

　　船头到船尾大约长八分多一点，大约有两个黄米粒那么高。中间高起而开敞的部分是船舱，用箬竹叶做的船篷覆盖着它。旁边有小窗，左右各四扇，一共八扇。打开窗户来看，雕刻着花纹的栏杆左右相对。关上窗户，就看到一副对联，右边刻着"山高月小，水落石出"八个字，左边刻着"清风徐来，水波不兴"八个字，用石青涂在字的凹处。

  船头坐着三个人，中间戴着高高的帽子，胡须浓密的人是苏东坡(苏轼)，佛印(苏轼的好友)位于右边，鲁直(黄庭坚)位于左边。苏东坡、黄鲁直共同看着一幅书画长卷。苏东坡右手拿着卷的右端，左手轻按在鲁直的背上。鲁直左手拿着卷的左端，右手指着长卷，好像在说些什么。苏东坡露出右脚，鲁直露出左脚，(身子都)略微侧斜，他们互相靠近的两膝，都被遮蔽在长卷下边的衣褶里(意思是说，从衣褶上可以看出相并的两膝的轮廓)。佛印极像佛教的弥勒菩萨，袒着胸脯，露出乳头，抬头仰望，神情和苏东坡、鲁直不相类似。佛印卧倒右膝，弯曲着右臂支撑在船上，竖着他的左膝，左臂上挂着一串念珠，靠在左膝上——念珠简直甚至可以清清楚楚地数出来。

  船尾横放着一支船桨。船桨的左右两边各有一名撑船的人。位于右边的撑船者梳着锥形发髻，仰着脸，左手倚着一根横木上，右手扳着右脚趾头，好像在大声呼喊的样子。站在左边的人右手拿着一把蒲葵扇，左手轻按着火炉，炉上有一把水壶，那个人的眼光正看着(茶炉)，神色平静，好像在听茶水声音似的。

  船的背面较平，作者在上面提上自己的名字，文字是"天启壬戌秋日，虞山王毅叔远甫刻"，笔画像蚊子的脚一样细小，清清楚楚，它的颜色是黑的。还刻着一枚篆书图章，文字是"初平山人"，字的颜色是红的。

  总计一条船，刻了五个人，八扇窗户；箬竹叶做的船篷、船桨、炉子、茶壶、手卷、念珠各一件；对联、题名和篆文，刻的字共计三十四个。可是计算它的长度，还不满一寸。原来是挑选长而窄的桃核雕刻而成的。

  嘻，技艺也真灵巧奇妙啊！

# 黄生借书说

〔清〕 袁 枚

  黄生允修借书。随园主人授以书,而告之曰:

  书非借不能读也。子不闻藏书者乎？七略、四库,天子之书,然天子读书者有几？汗牛塞(sè)屋,富贵家之书,然富贵人读书者有几？其他祖父积、子孙弃者无论焉。非独书为然,天下物皆然。非夫人之物而强假焉,必虑人逼取,而惴(zhuì)惴焉摩玩之不已,曰:"今日存,明日去,吾不得而见之矣。"若业为吾所有,必高束焉,庋(guǐ)藏焉,曰"姑俟(sì)异日观"云尔。

  余幼好书,家贫难致。有张氏藏书甚富。往借,不与,归而形诸梦。其切如是。故有所览辄(zhé)省记。通籍后,俸去书来,落落大满,素蟫(yín)灰丝时蒙卷轴。然后叹借者之用心专,而少时之岁月为可惜也！

  今黄生贫类予,其借书亦类予;惟予之公书与张氏之吝(lìn)书若不相类。然则予固不幸而遇张乎,生固幸而遇予乎？知幸与不幸,则其读书也必专,而其归书也必速。

  为一说,使与书俱。

  读书人黄允修来(向我)借书。我把书交授给他并且告诉他说:

  书不是借来的就不能(认认真真地)去读。你没听说过那些藏书的人(是怎样读书)吗？《七略》《四库》,是天子的藏书,然而天子中读书的人有几个呢？那些搬运起来使牛累得流汗，放在家里塞满了屋子的，是富贵人家的书，然而富贵人中读书的有几个呢？其余那些祖辈和父辈收藏(的书籍)，子辈孙辈随便丢弃的就不用说了。不只读书是这样，天下的事物(也)都是这样。不是那人自己的东西却勉强向别人借来，(他)一定担心别人催着要还，因而就显出忧惧的样子，抚摸玩赏那东西久久不能停止，心想："今天存放(在我这里)，明天(就要给人)拿回去，我不能再看到它了。"如果(这东西)已经被我所拥有，(我)一定会(把它)捆扎好放在高处，保存起来，说一声"姑且等到另外的日子再看吧。"

　　我小时候爱好读书，但是家里贫穷，很难得到书读。有个姓张的人藏书很多。(我)到他家去借，(他)不借给我，回来以后我在梦中还出现向他借书的情形。我那种迫切(求书的心情就)像这样。所以(只要)有看过的书就记在心里。(我)做了官以后，薪俸花出去了，书籍买来了，屋里到处都堆放满了，蠹虫丝迹时常覆盖书册。这样以后我(才)感慨借书读的人是(那么)用心专一，而自己少年时候的时光是(多么)值得珍惜的啊！

　　如今姓黄的年轻人像我(从前一样)贫穷，他借书(苦读)也像我(从前一样)；只不过我把书公开，慷慨出借和姓张的吝惜书籍，似乎并不相同。这样看来，那么是我本来不幸遇到了姓张的，而姓黄的年轻人本来幸运遇到我吧？(黄生)懂得了(借到书的)幸运和(借不到书的)不幸运，那么他读书一定会专心，而且他还书也一定会很快。

　　(我)写下这篇说，让(它)和书一起(交给黄生)。

# 口　技

〔清〕　林嗣环

　　京中有善口技者。会宾客大宴，于厅事之东北角，施八尺屏障，口技人坐屏障中，一桌、一椅、一扇、一抚(fǔ)尺而已。众宾团坐。少顷，但闻屏障中抚尺一下，满坐寂然，无敢哗者。

　　遥闻深巷中犬吠，便有妇人惊觉欠伸，其夫呓(yì)语。既而儿醒，大啼。夫亦醒。妇抚儿乳，儿含乳啼，妇拍而呜之。又一大儿醒，絮絮不止。当是时，妇手拍儿声，口中呜声，儿含乳啼声，大儿初醒声，夫叱大儿声，一时齐发，众妙毕备。满坐宾客无不伸颈，侧目，微笑，默叹，以为妙绝。

　　未几，夫齁(hōu)声起，妇拍儿亦渐拍渐止。微闻有鼠作作索索，盆器倾侧，妇梦中咳嗽。

宾客意少舒,稍稍正坐。

忽一人大呼:"火起",夫起大呼,妇亦起大呼。两儿齐哭。俄而百千人大呼,百千儿哭,百千犬吠。中间力拉崩倒之声,火爆声,呼呼风声,百千齐作;又夹百千求救声,曳(yè)屋许许声,抢夺声,泼水声。凡所应有,无所不有。虽人有百手,手有百指,不能指其一端;人有百口,口有百舌,不能名其一处也。于是宾客无不变色离席,奋袖出臂,两股战战,几欲先走。

忽然抚尺一下,群响毕绝。撤屏视之,一人、一桌、一椅、一扇、一抚尺而已。

京城里有个擅长表演口技的人。正赶上有一家人宴请宾客,在客厅的东北角安放了一座八尺高的屏风,表演口技的艺人坐在屏风里面,里面只放了一张桌子、一把椅子、一把扇子、一块醒木而已。客人们围绕着屏风而坐。一会儿,只听见屏风里面醒木一拍,全场静悄悄的,没有人敢大声说话。

听到远远的深巷中传来一阵狗叫声,就有妇女惊醒后打呵欠和伸懒腰的声音,她的丈夫在说梦话。过了一会儿孩子醒了,大声哭着。丈夫也醒了。妇人抚慰孩子喂奶,孩子含着乳头哭,妇女又轻声哼唱着哄他入睡。又有一个大孩子醒了,絮絮叨叨地说个不停。在这时候,妇女用手拍孩子的声音,嘴里哼着哄孩子的声音,孩子边含乳头边哭的声音,大孩子刚醒过来的声音,丈夫责骂大孩子的声音,同时响起,各种声音都模仿得像极了。满座的宾客没有一个不伸长脖子,偏着头仔细听,微笑,默默赞叹,认为奇妙极了。

过了一会儿,丈夫打起了呼噜,妇女拍孩子的声音也渐渐消失。隐隐听到有老鼠窸窸窣窣的声音,盆子、器皿翻倒倾斜,妇女在梦中发出了咳嗽声。宾客们的心情稍微放松了些,渐渐端正了坐姿。

忽然有一个人大声呼叫:"着火啦!"丈夫起来大声呼叫,妇人也起来大声呼叫。两个小孩子一齐哭了起来。一会儿,有成百上千人大声呼叫,成百上千的小孩哭叫,成百上千条狗汪汪地叫。中间夹杂着噼里啪啦,房屋倒塌的声音,烈火燃烧发出爆裂的声音,呼呼的风声,千百种声音一齐发出;又夹杂着成百上千人的求救的声音,救火的人们拉倒燃烧着的房屋时许许的声音,抢救东西的声音,救火的声音。凡是在这种情况下应该有的声音,没有一样没有的。即使一个人有上百只手,每只手上有上百个指头,也不能指出其中的任何一种声音来;即使一个人有上百张嘴,每张嘴里有上百条舌头,也不能说出其中的一个地方来啊。在这种情况下,客人们没有不吓得变了脸色,离开座位,捋起衣袖露出手臂,两条大腿哆嗦打抖,差点要争先恐后地逃跑。

忽然醒木一拍,各种声响全部消失了。撤去屏风一看,(只有)一个人、一张桌子、一把椅子、一把扇子、一块醒木罢了。

# 长歌行

〔汉〕 乐府诗集

青青园中葵，朝露待日晞。
阳春布德泽，万物生光辉。
常恐秋节至，焜（kūn）黄华叶衰。
百川东到海，何时复西归？
少壮不努力，老大徒伤悲。

## 译文

园中的葵菜都郁郁葱葱，晶莹的朝露阳光下飞升。
春天把希望洒满了大地，万物都呈现出一派繁荣。
常恐那肃杀的秋天来到，树叶儿黄落百草也凋零。
百川奔腾着东流到大海，何时才能重新返回西境？
少年人如果不及时努力，到老来只能是悔恨一生。

## 赏析

这首诗借物言理，首先以园中的葵菜作比喻。"青青"喻其生长茂盛。其实在整个春天的阳光雨露之下，万物都在争相努力地生长。因为它们都恐怕秋天很快地到来，深知秋风凋零百草的道理。大自然的生命节奏如此，人生也是这样。一个人如果不趁着大好时光而努力奋斗，让青春白白地浪费，等到年老时后悔也来不及了。这首诗由眼前青春美景想到人生易逝，鼓励青年人要珍惜时光，出言警策，催人奋起。

# 龟虽寿

〔东汉〕 曹 操

神龟虽寿,犹有竟时。
螣(téng)蛇乘雾,终为土灰。
老骥伏枥,志在千里。
烈士暮年,壮心不已。
盈缩之期,不但在天;
养怡之福,可得永年。
幸甚至哉,歌以咏志。

## 译文

神龟的寿命即使十分长久,但也还有生命终结的时候。
腾蛇尽管能乘雾飞行,终究也会死亡化为土灰。
年老的千里马躺在马棚里,它的雄心壮志仍然是能够驰骋千里。
有远大抱负的人士到了晚年,奋发思进的雄心也不会止息。
人的寿命长短,不只是由上天所决定的。
只要自己调养好身心,也可以益寿延年。
我非常庆幸,就用这首诗歌来表达自己内心的志向。

### 赏析

这是一首充满诗人对生活的真切体验的哲理诗,因而写得兴会淋漓,有着一种真挚而浓烈的感情力量;哲理与诗情又是通过形象化的手法表现出来的,因而述理、明志、抒情在具体的艺术形象中实现了完美的结合。诗人对天命持否定态度,而对事在人为抱有信心的乐观主义精神,抒发了诗人不甘衰老、不信天命、奋斗不息、对伟大理想的追求永不停止的壮志豪情。

# 杂 诗

〔东晋〕 陶渊明

人生无根蒂,飘如陌上尘。
分散逐风转,此已非常身。
落地为兄弟,何必骨肉亲!
得欢当作乐,斗酒聚比邻。
盛年不重来,一日难再晨。
及时当勉励,岁月不待人。

## 译文

人生在世没有根蒂,漂泊如路上的尘土。

生命随风漂转,此身历尽了艰难,已经不是原来的样子了。

世人都应当视同兄弟,何必亲生的同胞弟兄才能相亲呢?

遇到高兴的事就应当作乐,有酒就要邀请近邻共饮。

青春一旦过去便不可能重来,一天之中永远看不到第二次日出。

应当趁年富力强之时勉励自己,光阴流逝,并不等待人。

## 赏析

陶渊明《杂诗》共有十二首,此为第一首。慨叹人生之无常,感喟生命之短暂,是这组《杂诗》的基调。将人生比作无根之木、无蒂之花,是为一喻,再比作陌上尘,又是一喻,比中之比,象外之象,直把诗人深刻的人生体验写了出来,透露出至为沉痛的悲怆。诗人几度出仕,几度退隐,生活在矛盾痛苦之中,终于在四十一岁时辞职归田,不再出仕。如此世态,如此经历,使他对人生感到渺茫,不可把握。"盛年不重来"四句常被人们引用来勉励年轻人要抓紧时机,珍惜光阴,努力学习,奋发上进。

# 劝 学

〔唐〕 颜真卿

三更灯火五更鸡,正是男儿读书时。
黑发不知勤学早,白首方悔读书迟。

## 译文

每天三更半夜到五更公鸡打鸣的时候,是男儿读书的最好时间。少年时只知道玩,不知道要刻苦求学,头发白了,才后悔自己年少时不知道要勤奋学习,老来读书为时已晚。

《劝学》是唐代书法家颜真卿所写的一首古诗。劝勉青少年要珍惜少壮年华,勤奋学习,有所作为,否则,到老一事无成,后悔已晚。诗歌以短短的28个字便揭示了这个深刻的道理,达到了催人奋进的效果。

# 柏学士茅屋

〔唐〕 杜 甫

碧山学士焚银鱼,白马却走深岩居。
古人已用三冬足,年少今开万卷余。
晴云满户团倾盖,秋水浮阶溜决渠。
富贵必从勤苦得,男儿须读五车书。

安史之乱的战火使柏学士失去了官职,昔日常参议朝政,直言相谏的他,将茅屋搭建在险峻的碧山之中,隐居于此。古人用足了三个冬季的时间来读书,年少的柏学士也像古人那般读书破万卷。观茅屋户外,那祥云如车盖一样密密地聚集,秋水顺着道路,如大水决渠一样地湍急流去。自古以来荣华富贵必定从勤苦中得到,有志气的男儿应当如柏学士一样去博览群书,探求知识。

赏 析

此诗当于大历二年(767年)作于夔州(今重庆奉节),诗人时年56岁。永泰二年(766年)春末夏初,杜甫离开长安,作客夔州,与当地主人柏茂琳有过交游。这首诗的用意很清楚,"富贵必从勤苦得,男儿须读五车书"是鼓励勤学的。有资料说,柏学士是在安史之乱中,逃到山中居住,也就是说为了"避乱"。然而诗中用了张褒焚掉佩带的银鱼而去,张湛隐身于山岩之间两个典故,可以理解为赞扬柏学士的苦读精神。

# 行 路 难

〔唐〕 李 白

金樽清酒斗十千，玉盘珍羞直万钱。
停杯投箸（zhù）不能食，拔剑四顾心茫然。
欲渡黄河冰塞川，将登太行雪满山。
闲来垂钓碧溪上，忽复乘舟梦日边。
行路难！行路难！多歧路，今安在？
长风破浪会有时，直挂云帆济沧海。

## 译文

金杯里装的名酒，每斗要价十千；玉盘中盛的精美菜肴，收费万钱。
胸中郁闷啊，我停杯投箸吃不下；拔剑环顾四周，我心里委实茫然。
想渡黄河，冰雪堵塞了这条大川；要登太行，莽莽的风雪早已封山。
像吕尚垂钓溪，闲待东山再起；又像伊尹做梦，他乘船经过日边。
世上行路多么艰难，多么艰难；眼前歧路这么多，我该向北向南？
相信总有一天，能乘长风破万里浪；高高挂起云帆，在沧海中勇往直前！

## 赏析

这首诗跳荡纵横，具有长篇的气势格局。其重要的原因之一，就在于它百步九折地揭示了诗人感情的激荡起伏、复杂变化。通过层层叠叠的感情起伏变化，既充分显示了黑暗污浊的政治现实对诗人的宏大理想抱负的阻遏，反映了由此而引起的诗人内心的强烈苦闷、愤郁和不平，同时又突出表现了诗人的倔强、自信和他对理想的执着追求，展示了诗人力图从苦闷中挣脱出来的强大精神力量。

## 酬乐天扬州初逢席上见赠

〔唐〕 刘禹锡

巴山楚水凄凉地,二十三年弃置身。
怀旧空吟闻笛赋,到乡翻似烂柯人。
沉舟侧畔千帆过,病树前头万木春。
今日听君歌一曲,暂凭杯酒长精神。

在巴山楚水这些凄凉的地方,度过了二十三年沦落的光阴。
怀念故友徒然吟诵闻笛小赋,久谪归来感到已非旧时光景。
沉船的旁边正有千艘船驶过,病树的前头却也是万木争春。
今天听了你为我吟诵的诗篇,暂且借这一杯美酒振奋精神。

### 赏 析

这首诗是唐代诗人刘禹锡于敬宗宝历二年(826年)冬,罢和州刺史后,回归洛阳,途经扬州,与罢苏州刺史后也回归洛阳的白居易相会时所作。"沉舟"这一联诗突然振起,一变前面伤感低沉的情调,尾联便顺势而下,写道:"今日听君歌一曲,暂凭杯酒长精神。"点明了酬答白居易的题意。意思是说,今天听了你的诗歌不胜感慨,暂且借酒来振奋精神吧!刘禹锡在朋友的热情关怀下,表示要振作起来,重新投入到生活中去。表现出其坚韧不拔的意志。

# 琵琶行（节选）

〔唐〕 白居易

转轴拨弦三两声，未成曲调先有情。
弦弦掩抑声声思，似诉平生不得志。
低眉信手续续弹，说尽心中无限事。
轻拢慢捻抹复挑，初为霓裳后六幺。
大弦嘈嘈如急雨，小弦切切如私语。
嘈嘈切切错杂弹，大珠小珠落玉盘。
间关莺语花底滑，幽咽泉流冰下难。
冰泉冷涩弦凝绝，凝绝不通声暂歇。
别有幽愁暗恨生，此时无声胜有声。
银瓶乍破水浆迸，铁骑突出刀枪鸣。
曲终收拨当心画，四弦一声如裂帛。
东船西舫悄无言，唯见江心秋月白。

### 译文

转紧琴轴拨动琴弦试弹了几声；尚未成曲调那形态就非常有情。
弦弦凄楚悲切声音隐含着沉思；似乎在诉说着她平生的不得志；
她低着头随手连续地弹个不停；用琴声把心中无限的往事说尽。
轻轻地拢慢慢地捻，一会儿抹一会儿挑。初弹《霓裳羽衣曲》接着再弹《六幺》。
大弦浑宏悠长嘈嘈如暴风骤雨；小弦和缓幽细切切如有人私语。
嘈嘈声切切声互为交错地弹奏；就像大珠小珠一串串掉落玉盘。
琵琶声一会儿像宛转流畅的花底鸟鸣，一会儿又像艰涩低沉、呜咽断续的冰下泉水。
好像水泉冷涩琵琶声开始凝结，凝结而不通畅声音渐渐地中断。
像另有一种愁思幽恨暗暗滋生；此时闷闷无声却比有声更动人。
突然间好像银瓶撞破水浆四溅；又好像铁甲骑兵厮杀刀枪齐鸣。
一曲终了她对准琴弦中心划拨；四弦一声轰鸣好像撕裂了布帛。
东船西舫人们都静悄悄地聆听；只见江心之中映着白白秋月影。

### 赏析

诗人在这首诗中着力塑造了琵琶女的形象，通过她深刻地反映了封建社会中被侮辱被损害的乐伎、艺人的悲惨命运，抒发"同是天涯沦落人"的感情。节选部分从"转轴拨弦三两声"到"唯见江心秋月白"共二十二句，是诗歌的第二段，主要写琵琶女的高超技艺。诗人在这里用了一系列的生动比喻，使比较抽象的音乐形象一下子变成了视觉形象。

# 听颖师弹琴

〔唐〕 韩 愈

昵昵儿女语,恩怨相尔汝。
划然变轩昂,勇士赴敌场。
浮云柳絮无根蒂,天地阔远随飞扬。
喧啾百鸟群,忽见孤凤皇。
跻攀分寸不可上,失势一落千丈强。
嗟余有两耳,未省听丝篁。
自闻颖师弹,起坐在一旁。
推手遽(jù)止之,湿衣泪滂滂。
颖乎尔诚能,无以冰炭置我肠!

## 译 文

犹如一对亲昵的小儿女轻言细语,卿卿我我聚两个俏冤家暗叙哀曲。
豪放得如风展旗是谁正高歌引吭,有勇士似电掣马挥长剑杀敌擒王。
又转成浮云依依柳絮起无根无蒂,没奈何圆天茫茫道路迷宕东宕西。
叽叽啾啾分明是烟霞中羽光翻浪,影影绰绰兀立在乔木上百凤朝凰。
峭壁悬崖压人来寸步都攀缘难上,黑鏊深渊崩石下千丈犹轰隆传响。
惭愧呀我空有耳朵一双,对音乐太外行不懂欣赏。
听了你这琴声忽柔忽刚,振人起强人坐令人低昂。
仓皇中我伸手把琴遮挡,泪潮呀早已经汹涌盈眶。
颖师傅好功夫实非寻常,别再把冰与火填我胸膛。

唐人音乐诗较著名者,有李颀《听董大弹胡笳声兼寄语弄房给事》、李白《听蜀僧濬(jùn)弹琴》、李贺《李凭箜篌引》、白居易《琵琶行》及韩愈此篇。篇篇不同,可谓各有千秋。喜惧哀乐,变化倏忽,百感交集,莫可名状,这就是韩愈听颖师弹琴的感受。读罢全诗,颖师高超的琴技如可闻见,怪不得清人方扶南把它与白居易的《琵琶行》、李贺的《李凭箜篌引》相提并论,推许为"摹写声音至文"了。

# 李凭箜篌(kōng hóu)引

〔唐〕 李 贺

吴丝蜀桐张高秋,空山凝云颓不流。
江娥啼竹素女愁,李凭中国弹箜篌。
昆山玉碎凤凰叫,芙蓉泣露香兰笑。
十二门前融冷光,二十三丝动紫皇。
女娲炼石补天处,石破天惊逗秋雨。
梦入神山教神妪,老鱼跳波瘦蛟舞。
吴质不眠倚桂树,露脚斜飞湿寒兔。

在深秋的夜晚,弹奏起吴丝蜀桐制成精美的箜篌。听到美妙的乐声,天空的白云凝聚起来不再飘游。

湘娥把泪珠洒满斑竹,九天素女也牵动满腔忧愁。出现这种情况,是由于乐工李凭在京城弹奏箜篌。

乐声清脆动听得就像昆仑山美玉击碎,凤凰鸣叫;时而使芙蓉在露水中饮泣,时而使香兰开怀欢笑。

清脆的乐声,融和了长安城十二门前的清冷光气。二十三根弦丝高弹轻拨,打动了高高在上的天帝。

高亢的乐声直冲云霄,冲上女娲炼石补过的天际。好似补天的五彩石被击破,逗落了漫天绵绵秋雨。

幻觉中仿佛乐工进入了神山,把技艺向女仙传授;老鱼兴奋地在波中跳跃,瘦蛟也翩翩起舞乐悠悠。

月宫中吴刚被乐声吸引,彻夜不眠在桂树下逗留。桂树下的兔子也伫立聆听,不顾露珠斜飞寒飕飕!

李凭是梨园弟子,因善弹箜篌,名噪一时。"天子一日一回见,王侯将相立马迎",身价之高,似乎远远超过盛唐时期的著名歌手李龟年。他的精湛技艺,受到诗人们的热情赞赏。李贺此篇想象丰富,设色瑰丽,艺术感染力很强。清人方扶南把它与白居易的《琵琶行》、韩愈的《听颖师弹琴》相提并论,推许为"摹写声音至文"。

# 和董传留别

〔北宋〕 苏 轼

粗缯(zēng)大布裹生涯,腹有诗书气自华。
厌伴老儒烹瓠(hù)叶,强随举子踏槐花。
囊空不办寻春马,眼乱行看择婿车。
得意犹堪夸世俗,诏黄新湿字如鸦。

平日里身上包裹着粗衣劣布,胸中有学问气质自然光彩夺人。
不喜欢陪伴着老儒生一块清谈吟诗,决定跟随学子们参加科举考试。
口袋里没有钱不置办那"一日看尽长安花"的骏马,但会注目令人眼花缭乱的"择婿车"。
中举后就可以向世俗的人们夸耀,诏书上一片如鸦的黑字中,新写着俺的名字。

### 赏析

读书的作用不仅在于获取知识,还在于提升人的精神境界。清代学者梁章钜说:"人无书气,即为粗俗气,市井气,而不可列于士大夫之林。"事实证明,读书与不读书,读书多与读书少的人,所表现出的内在气质与素质是绝不相同的。"腹有诗书"指饱读诗书,满腹经纶,"气"可以理解为"气质"或"精神风貌"。全句的重心在"自"上面,它强调了华美的气质是饱读诗书的必然结果。

# 菩萨蛮·送曹君之庄所

〔南宋〕 辛弃疾

人间岁月堂堂去。劝君快上青云路。圣处一灯传。工夫萤雪边。

麹(qū)生风味恶(è)。辜负西窗约。沙岸片帆开。寄书无雁来。

### 译文

人间岁月过得非常快,劝君早立高志,刻苦读书早取功名。儒家的学说能传授下去,多亏了晋代车胤狠下读书的决心啊。

不要贪杯享乐,否则人生的苦酒会很难入口,不要辜负了家中贤妻的殷切期望。不久你将乘着一叶孤帆远去,我急切地等着你的回信。

### 赏析

这是一首送别词。全词洋溢着作者对年轻后进的关爱之情。作者认为,儒家思想的精义是由一代又一代的儒学大师承传下来的,它们是"修身、齐家、治国、平天下"的根本,要真正掌握它并不容易,必须下苦功夫才能学到手。"工夫萤雪边"五字,使用古代苦读的典故,劝其下功夫学习,还是很有说服力的。麹生,这里指酒。言贪杯好饮,虽然能满足口腹之欲,如果因饮酒耽误了读书,会贻误终身。可谓语重心长!

# 偶 成

〔南宋〕 朱 熹

少年易学老难成，一寸光阴不可轻。
未觉池塘春草梦，阶前梧叶已秋声。

### 译文

青春的日子十分容易逝去，学问却很难获得成功，所以每一寸光阴都要珍惜，不能轻易放过。没等池塘生春草的美梦醒来，台阶前的梧桐树叶就已经在秋风里沙沙作响了。

### 赏析

这是一首逸诗，具体写作年代不详，大约在绍兴末年(1162年)。日本盛传此诗，我国大陆亦不胫而走，以为为朱熹所作，姑且存以备考。其主旨是劝青年人珍视光阴，努力向学，用以劝人，亦用于自警。该诗语言明白易懂，形象鲜明生动，把时间快过，岁月易逝的程度，用池塘春草梦未觉，阶前梧桐忽秋声来比喻，十分贴切，倍增劝勉的力量。

# 冬夜读书示子聿(yù)

〔南宋〕 陆 游

古人学问无遗力，少壮工夫老始成。
纸上得来终觉浅，绝知此事要躬行。

### 译文

古人做学问是不遗余力的，往往要到老年才取得成就。从书本上得来的知识，毕竟是不够完善的。如果想要深入理解其中的道理，必须要亲自实践才行。

这是一首教子诗,诗人在书本与实践的关系上强调了实践的重要性。间接经验是人们从书本中汲取营养,学习前人的知识和技巧的途径。直接经验是直接从实践中产生的认识,是获取知识更加重要的途径。只有通过"躬行",把书本知识变成实际知识,才能发挥所学知识对实践的指导作用。本诗通过陆游对儿子子聿的教育,告诉读者做学问要有孜孜不倦、持之以恒的精神。一个既有书本知识,又有实践精神的人,才是真正有学问的人。

# 四时读书乐·春

〔元〕 翁 森

山光照槛水绕廊,舞雩(yú)归咏春风香。
好鸟枝头亦朋友,落花水面皆文章。
蹉跎莫遣韶(sháo)光老,人生唯有读书好。
读书之乐乐何如?绿满窗前草不除。

阳光照在堂外的栏杆,流水淙淙绕着长廊流过,乘凉归来的人们,沐浴着春风送来花香,一边走一边吟唱着诗歌。停在枝头的鸟儿,那是伴我读书的朋友;漂在水上的落花,可以启发我作出美妙的文章。不要蹉跎岁月,人生只有读书是最好的事。读书的乐趣是怎样的?好比绿草长到窗前而不剪除,放眼望去,一派欣欣向荣的景象。

**赏 析**

《四时读书乐》的主题虽然是劝学,却没有那种世俗的读书做官、光宗耀祖的腐朽思想。它宣扬的是读书的高雅情趣,不以功名利禄为目的。它把一年四季都视为读书的好时光,勉励人们勤奋读书。这首诗表现的是春天读书的优美情趣。春光照耀,春风送香,鸟儿歌唱,落花、流水,在这美好的春光里,读书是多么惬意的事情啊。

# 观 书

〔明〕 于 谦

书卷多情似故人,晨昏忧乐每相亲。
眼前直下三千字,胸次全无一点尘。
活水源流随处满,东风花柳逐时新。
金鞍玉勒(lè)寻芳客,未信我庐别有春。

### 译文

我对书籍的感情就像是多年的朋友,无论清晨还是傍晚忧愁还是快乐总有它的陪伴。眼前阅读过无数的文字后,胸中再无半点尘世间世俗的杂念。新鲜的想法源源不断地涌来,用之不竭,像东风里花柳争相换得形色簇新。漫跨着金鞍,权贵们犹叹芳踪难寻,谅你们也不信这书斋里别有春景。

### 赏析

该诗盛赞书之好处,极写读书之趣,作者于谦,是明代著名民族英雄、诗人。他生性刚直,博学多闻。他的勤学苦练精神与他的高风亮节一样名传后世。这首诗写诗人自我亲身体会,抒发喜爱读书之情,意趣高雅,风格率直,说理形象,颇有感染力。读书可以明理,可以赏景,可以观史,可以鉴人,真可谓是思接千载,视通万里,这美好之情之境,岂是玩物丧志的游手好闲者可以领略的!

# 明 日 歌

〔明〕 钱 福

**明日复明日,明日何其多。**
**我生待明日,万事成蹉跎。**
**世人若被明日累(lěi),春去秋来老将至。**
**朝看水东流,暮看日西坠。**
**百年明日能几何?请君听我明日歌。**

明天又一个明天,明天何等的多。我的一生都在等待明天,什么事情都没有进展。世人和我一样辛苦地被明天所累,一年年过去马上就会老。早晨看河水向东流逝,傍晚看太阳向西坠落,时光就像那流水和落日那样一去不复返了。百年来的明日能有多少呢?请诸位听听我的《明日歌》。

《明日歌》自问世至今,数百年来广为世人传诵,经久不衰。诗人在作品中告诫和劝勉人们要牢牢地抓住稍纵即逝的今天,今天能做的事一定要在今天做,不要把任何计划和希望寄托在未知的明天。今天才是最宝贵的,只有紧紧抓住今天,才能有充实的明天,才能有所作为,有所成就。诗歌的意思浅显,语言明白如话,说理通俗易懂,很有教育意义。

# 读书有所见作

〔清〕 萧抡（lún）谓

**人心如良苗，得养乃滋长。**
**苗以泉水灌，心以理义养。**
**一日不读书，胸臆无佳想。**
**一月不读书，耳目失精爽。**

### 译文

育人如同育苗木，得到养分了才能健康生长。苗木靠的是泉水浇灌，人心靠的是理义滋养。一天不读书，奇思妙想就无从获得。一月不读书，连耳目也不灵敏了。

### 赏析

这首诗举例了读书的益处与不读书的坏处，告诫人们要热爱读书，读书要持之以恒，并将此道理表达得淋漓尽致。

# 敬业与乐业（节选）

## 梁启超

我这题目，是把《礼记》里头"敬业乐群"和《老子》里头"安其居，乐其业"那两句话，断章取义造出来。我所说是否与《礼记》《老子》原意相合，不必深求；但我确信"敬业乐业"四个字，是人类生活的不二法门。

第一要敬业。敬字为古圣贤教人做人最简易、直捷的法门，可惜被后来有些人说得太精微，倒变了不适实用了。惟有朱子解得最好。他说："主一无适便是敬。"用现在的话讲，凡做一件事，便忠于一件事，将全副精力集中到这事上头，一点不旁骛（wù），便是敬。业有什么可敬呢？为什么该敬呢？人类一面为生活而劳动，一面也是为劳动而生活。人类既不是上帝特地制来充当消化面包的机器，自然该各人因自己的地位和才力，认定一件事去做。凡可以名为一件事的，其性质都是可敬。当大总统是一件事，拉黄包车也是一件事。事的名称，从俗人眼里看来，有高下；事的性质，从学理上解剖起来，并没有高下。只要当大总统的人，信得过我可以当大总统才去当，实实在在把总统当作一件正经事来做；拉黄包车的人，信得过我可以拉黄包车才去拉，实实在在把拉车当作一件正经事来做，便是人生合理的生活。这叫做职业的神圣。凡职业没有不是神圣的，所以凡职业没有不是可敬的。惟其如此，所以我们对于各种职业，没有什么分别拣择。总之，人生在世，是要天天劳作的。劳作便是功德，不劳作便是罪恶。至于我该做哪一种劳作呢？全看我的才能何如、境地何如。因自己的才能、境地，做一种劳作做到圆满，便是天地间第一等人。

第二要乐业。"做工好苦呀！"这种叹气的声音，无论何人都会常在口边流露出来。但我要问他："做工苦，难道不做工就不苦吗？"今日大热天气，我在这里喊破喉咙来讲，诸君扯直耳朵来听，有些人看着我们好苦；翻过来，倘若我们去赌钱、去吃酒，还不是一样淘神费力？难道又不苦？须知苦乐全在主观的心，不在客观的事。人生从出胎的那一秒钟起到咽气的那一秒钟止，除了睡觉以外，总不能把四肢、五官都搁起不用。只要一用，不是淘神，便是费力，劳苦总是免不掉的。会打算盘的人，只有从劳苦中找出快乐来。我想天下第一等苦人，莫过于无业游民，终日闲游浪荡，不知把自己的身子和心子摆在哪里才好，他们的日子真难过。第二等苦人，便是厌恶自己本业的人，这件事分明不能不做，却满肚子里不愿意做。不愿意做逃得了吗？到底不能。结果还是皱着眉头，哭丧着脸去做。这不是专门自己替自己开玩笑吗？

我老实告诉你一句话:"凡职业都是有趣味的,只要你肯继续做下去,趣味自然会发生。"为什么呢?第一,因为凡一件职业,总有许多层累(lěi)、曲折,倘能身入其中,看它变化、进展的状态,最为亲切有味。第二,因为每一职业之成就,离不了奋斗,一步一步的奋斗前去,从刻苦中将快乐的分量加增。第三,职业性质,常常要和同业的人比较骈(pián)进,好象赛球一般,因竞胜而得快感。第四,专心做一职业时,把许多游思、妄想杜绝了,省却无限闲烦闷。孔子说:"知之者不如好之者,好之者不如乐之者。"人生能从自己职业中领略出趣味,生活才有价值。孔子自述生平,说道:"其为人也,发愤忘食,乐以忘忧,不知老之将至云尔。"这种生活,真算得人类理想的生活了。

我生平受用的有两句话:一是"责任心",二是"趣味"。我自己常常的求这两句话之实现与调和,常常把这两句话向我的朋友强(qiǎng)聒(guō)不舍。今天所讲,敬业即是责任心,乐业即是趣味。我深信人类合理的生活应该如此,我望诸君和我一同受用!

**【作者简介】** 梁启超(1873—1929),字卓如,号任公,又号饮冰室主人、自由斋主人等。中国近代维新派代表人物,学者。在哲学、文学、史学、经学、法学、伦理学、宗教学等领域,均有建树,以史学研究成绩最著,其著作合编为《饮冰室合集》。

# 甘当书痴

## 柯 灵

说到书,我很动感情。因为它给我带来温暖,我对它满怀感激。

书是我的恩师。贫穷剥夺了我童年的幸福,把我关在学校大门的外面,是书本敞开它宽厚的胸脯,接纳了我,给我以慷慨的哺(bǔ)育。没有书,就没有我的今天。——也许我早就委身于沟壑(hè)。

书是我的良友。它给我一把金钥匙,诱导我打开浅短的视界,愚昧的头脑,鄙塞(sè)的心灵。它从不吝惜对我的帮助。

书是我青春期的恋人,中年的知己,暮年的伴侣。有了它,我就不再愁寂寞,不再怕人情冷暖,世态炎凉。它使我成为精神世界的富翁。我真的是'不可一日无此君'。当我忙完了,累极了;当我愤怒时,苦恼时,我就想亲近它,因为这是一种绝妙的安抚。

我真愿意成为十足的"书迷"和"书痴",可惜还不够条件。

不知道谁是监狱的始作俑者。剥夺自由,诚然是人世最酷虐的刑法,但如果允许囚人有读书的权利,那还不算是自由的彻底丧失。我对此有惨痛的经验。

对书的焚毁和禁锢,是最大的愚蠢,十足的野蛮,可怕的历史倒退。

当然书本里也有败类,那是瘟疫之神,死亡天使,当与世人共弃之。

作家把自己写的书,送给亲友,献与读者,是最大的愉快。如果他的书引起共鸣,得到赞美,那就是对他最好的酬谢。

在宁静的环境,悠闲的心情中静静地读书,是人生中最有味的享受。在"四人帮"覆亡的前夜,我曾经避开海洋般的冷漠与白眼,每天到龙华公园读书,拥有自己独立苍茫的世界。这是我一个终生难忘的经历。

书本是太阳、空气、雨露。我不能设想,没有书的世界是什么样的世界。

**【作者简介】** 柯灵(1909—2010),原名高季琳,笔名朱梵、宋约。浙江绍兴人。中国电影理论家、剧作家、评论家。主要作品有《遥夜集》《春满人间》《秋瑾传》等。

# 读书，人才更像人

严文井

如果一个人有了"知识"这样一个概念，并且认识了自己知识贫乏的现状，他就可能去寻求、靠近知识。相反，如果他认为自己什么都懂，他就会远离知识，在他自以为是在前进的时候，走着倒退的路。当我明白了自己读书非常少的时候，我就产生了求学的强烈愿望。当我知道了世界上书籍数目如何庞大的时候，我又产生了分辨好坏，选择好书的愿望。

教科书不过是古往今来的各种书籍当中的一小部分，你不得不尊敬它们，但不必害怕它们，更不要被它们捆住手脚。为此，我已经付出了不小的代价，我没考进大学，我并不认为自己不好学。

如果我在思考一个问题，长期得不到解答，我就去向古代的智者和当代的求索者求教，按照一个明显的目的，我打开了一本又一本书。

有的书给了我许多启发，有的书令我失望。即使在那些令我失望的书面前，我还是感觉有收获。那就是：道路没有完毕，还得继续走下去。

书籍默不作声，带着神秘的笑容等待着我们。当你打开任何一本书籍的时候，马上你就会听到许多声音，美妙的音乐或刺耳的噪声。你可以停留在里面，也可以马上退出来。

至于我，即使那本书里有魔鬼在嚎叫，我也要听一听，这是为了辨别小夜曲、牛鸣、苍蝇的嗡嗡、狮吼和魔鬼的歌唱有什么差别。这些差别也是知识。

书籍对所有的人都是平等的。即使你没有上过任何学校，只要你愿意去求教，它们都不拒绝。我读过一点点书，最初是为了从里面寻找快乐和安慰，后来是为了从里面寻找苦恼和疑问。

只要活着，我今后还要读一点点书，这是为了更深地认识我自己和我同辈人知识的贫乏。

书籍，在所有动物里面，只有人这种动物才能制造出来。读书，人才更加象人。

【作者简介】 严文井(1915—2005)，原名严文锦。湖北武昌人。现代作家、散文家、著名儿童文学家。著有《南南和胡子伯伯》《丁丁的一次奇怪旅行》等。

# 那一年，面包飘香

## 李家同

我一直很喜欢好吃的面包，清大门口有好几家面包店，我每家都去过，哪一家有哪一种好吃的面包，我都知道。

最近几个月来，有不知名的人送面包给我。送的人是一位年轻人，我住的公寓管理员问他是谁，他不肯说，他说他的老板是李老师的忠实读者，听说李老师喜欢吃面包，所以就送来了。这些面包果真高级，我在全台湾各个面包店去找，都没有找到这种面包。

有一天我回家，看到那一位年轻人正要离开，我偷偷地尾随其后，居然找到了那家面包店。

进了门，迎面就是扑鼻而来的法国面包的香味。大师傅注意到了我。他问我是不是李老师，我说是的，他说老板关照，如果李老师来，就要接受特别照顾。

我坐在小圆桌旁边，看到外面一棵树的影子，正好斜斜地洒在窗子上，这扇窗是有格子的那一种，窗帘是瑞士白纱，看来这家店的老板很有品位。

大师傅拿了一个银盘子进来了，原来他准备了一套下午茶来招待我。大师傅陪我一起享受，因为这些食物才出炉，吃起来当然是满口留香，但是大师傅说，还有更精彩的在后面。精彩的是什么呢？

是一种烤过的薄饼，卷起来的，里面有馅，我一口咬下去，发现薄饼里有馅的汁进去了，馅已经很好吃，因为馅汁进入了薄饼里，饼本身也好吃得不得了，当我在又吃又喝的时候，我听到外面人声嘈杂，原来大批食客也在享受每天出炉一次的烤卷饼。

大师傅告诉他们，每天只出炉一次，现烤现卖，也不外带，因为这种饼冷了就不好吃了，每人只能买两块，但是老板免费招待咖啡或红茶，我都不敢问价钱，我想凡是免费招待茶或咖啡的食物，一定不会便宜。我看了一下这些食客，都是新竹科学园区工程师样子的人，有一位还告诉别人，他吃了以后要赶回去加班。这些食客也很合作，吃了以后自动将店里恢复得干干净净。

我对这家店的老板感到十分好奇，就问大师傅能不能见到他，大师傅说他一定会来，叫我在一张沙发上休息一下，他去找老板来。

老板还没有来，却来了一个小伙子，他拿了一个大信封进来，说老板要我看一下。我拆开信封，里面全是算数的考卷，考的全是心算的题目，比方说15×19，答案就写在后面，学生不可以经过一般的乘法过程，而必须经由心算，直接算出答案来。

我想起来了，十年前，我教过一个小学生，每一次教完了，他就要做心算习题，一开始他不太厉害，后来越来越厉害，数学成绩也一直保持在95分左右，可惜得很，他小学毕业以后，就离开了新竹，我再也教不到他了。他家境十分不好，我也陆陆续续地听到他不用功念书的消息。我虽然心急如焚，但鞭长莫及，毫无办法。

我曾经去看过他一次，还请他到一家饭馆去饱餐一顿，那时他初一下学期。我劝他好好念书，至少不可以抽烟，不可以打架，不可以喝酒，不可以嚼槟榔。他都点点头，说实话，我只记得他当时叛逆得很厉害，一副对我不理不睬的模样。

这个孩子后来没有升学，我听到消息以后，曾经写过一封信给他，第一劝他无论如何不要去KTV做事，第二劝他一定要学一种技术，这样将来才能在社会立足。我虽然写了好几封信给他，他却都没回。

就在我回忆往事的时候，老板走进来了，原来一进门时看到的大师傅就是老板，也就是我当年教过的学生。他说他进入中学以后，因为家境非常不好，不仅没有钱补习，有时连学杂费和营养午餐费用都交不起，他知道他绝对考不上公立中学，也绝对念不起私立高中，只好放弃升学了。

他很坦白地告诉我，他是很想念书的，但是家境不好，使他无法安心念书，有一次他跑进清华大学去玩，看见那些大学生，心里好生羡慕，回家梦见自己成了大学生，醒来大哭一场。

就在这个时候，他收到我的信，他以为我会责备他放弃升学的，没有想到我一句责备的话都没有，我只是鼓励他要有一技之长，他想起我曾带他去一家饭馆吃饭，吃完以后在架子上买了一大批面包送他，他到现在还记得那批面包有多好吃。

初中还没有毕业，他就跑去那家餐厅找工作。也是运气好，他一下子就找到工作了，从此以后，他就一心一意地学做面包。两年前，他自己创业，开了这家面包店。

我的学生虽然从来没有回过我的信，却始终对我未能忘情。我当年劝他要学得一技随身，他现在岂止一技随身，他应该是绝技随身了。

在我要离开以前，我又考了他几题心算的题目，他都答对了。他送我上车的时候问我："李老师，你有好多博士学生，我可只有初中毕业，你肯不肯承认我也是你的学生呢？"我告诉他，他当然是我的学生，而且将永远是我的得意高徒，我只担心他不把我当老师，毕竟我只是他的家教老师而已。

他知道我将他看成我的学生，露出一脸灿烂的笑容。这个笑容带给了我无比的温暖。我其实什么也没有教他，只教了他两件事，"不要学坏，总要有一技随身"，没有想到这两句话如此有用。

【作者简介】 李家同,1939年生于上海。曾任台湾清华大学校长、静宜大学以及暨南国际大学校长、暨大资讯工程学系及资讯管理学系教授。著有《让高墙倒下吧》《陌生人》《幕永不落下》等书。现为博幼社会福利基金会董事长。

# 读书使人优美

毕淑敏

优美在字典上的意思是:美好。

做一个美好的人,我相信是绝大多数人的心愿。谁不愿意美好啊?除了心灵的美好,外表也需美好。为了这份美好,人们使出了万千手段。比如刀兵相见的整容,比如涂脂抹粉的化妆。为了抚平脸上的皱纹,竟然发明了用肉毒杆菌的毒素在眉眼间注射,让面部微小神经麻痹,换来皮肤的暂时平滑……让我这个曾经当过医生的人,胆战心惊。

其实,有一个最简单的美容之法,却被人们忽视,那就是读书啊!

读书的时候,人是专注的。因为你在聆听一些高贵的灵魂自言自语,不由自主地谦逊和聚精会神。即使是读闲书,看到妙处,也会忍不住拍案叫绝……长久的读书可以使人养成恭敬的习惯,知道这个世界上可以为师的人太多了,在生活中也会沿袭洗耳倾听的姿态。而倾听,是让人神采倍添的绝好方式。所有的人都渴望被重视,而每一个生命也都不应被忽视。你重视了他人,魅力就降临在你双眸。

读书的时候,常常会会心一笑。那些智慧和精彩,那些英明与穿透,让我们在惊叹的同时拈(niān)页展颜。微笑是最好的敷(fū)粉和装点,微笑可以传达比所有语言更丰富的善意与温暖。有人觉得微笑很困难,以为是一个如何掌控面容的技术性问题,其实不然。不会笑的人,我总疑心是因为读书的不够广博和投入。书是一座快乐的富矿,储存了大量浓缩的欢愉因子,当你静夜抚卷的时候,那些因子如同香氲(yūn)蒸腾,迷住了你的双眼,你眉飞色舞,中了蛊(gǔ)似的笑起来,独享其乐。也许有人说,我读书的时候,还时有哭泣呢!哭,其实也是一种广义的微笑,因为灵魂在这一个瞬间舒展,尽情宣泄。告诉你一个小秘密:我大半生所有的快乐累加一处,都抵不过我在书中得到的欢愉多。而这种欣悦,是多么的简便和利于储存啊,物美价廉,重复使用,而且永不磨损。

读书让我们知道了天地间很多奥秘,而且

知道还有更多的奥秘,不曾被人揭露,我们就不敢用目空一切的眼神睥(pì)睨(nì)天下。读书其实很多时候是和死人打交道,图书馆堆积的基本上是哲人的木乃伊,书店里出售的大部分是亡灵的墓志铭。你在书籍里看到了无休无止的时间流淌,你就不敢奢侈,不敢口出狂言。自知是一切美好的基石。当你把他人的聪慧加上你自己的理解,恰如其分地轻轻说出的时候,你的红唇就比任何美丽色彩的涂抹,都更加光艳夺目。

你想美好吗?你就读书吧。不需要花费很多的金钱,但要花费很多的时间。坚持下去,持之以恒,优美就像五月的花环,某一天飘然而至,簇拥你颈间。

**【作者简介】** 毕淑敏(1952— ),生于新疆伊宁,国家一级作家、北京作家协会副主席。1969年入伍,从事医学工作20年后,开始专业写作,著有长篇小说《红处方》《血玲珑》等畅销书。

# 陈禾劝谏

陈禾,字秀实,明州鄞县人。举元符三年进士。累迁辟雍①博士、监察御史、殿中侍御史。

时童贯权益张,与黄经臣胥用事,御史中丞卢航表里为奸,缙绅侧目。禾曰:"此国家安危之本也。吾位言责,此而不言,一迁给事中,则非其职矣。"未拜命,首抗疏劾贯。复劾经臣:"怙(hù)宠弄权,夸炫朝列。每云诏令皆出其手,言上将用某人,举某事,已而诏下,悉如其言。夫发号施令,国之重事,黜(chù)幽陟(zhì)明,天子大权,奈何使宦寺②得与?臣之所忧,不独经臣,此途一开,类进者众,国之祸,有不可遏,愿亟窜之远方。"

论奏未终,上拂衣起。禾引上衣,请毕其说。衣裾(jū)落,上曰:"正言碎朕衣矣。"禾言:"陛下不惜碎衣,臣岂惜碎首以报陛下?此曹今日受富贵之利,陛下他日受危亡之祸。"言愈切,上变色曰:"卿能如此,朕复何忧?"内侍请上易衣,上却之曰:"留以旌(jīng)直臣。"翌日,贯等相率前诉,谓国家极治,安得此不祥语。卢航奏禾狂妄,谪信州监酒。遇赦,得自便还里。

王黼(fǔ)新得政,禾曰:"安能出黼门下?"力辞,改汝州。辞益坚,曰:"宁饿死。"黼闻而衔之。禾兄秉时为寿春府教授,禾侍兄官居。适童贯领兵道府下,谒不得入,馈之不受。贯怒,归而谮(zèn)之,上曰:"此人素如此,汝不能容邪?"久之,知舒州,命下而卒,赠中大夫,谥文介。

(节选自《宋史·陈禾传》)

[注释]:①辟雍:太学名。②宦寺:宦官。

陈禾,字秀实,明州鄞县人。考中元符三年进士。多次升迁担任辟雍博士、监察御史、殿中侍御史。

当时童贯的权势越加扩张,和黄经臣一起执掌大权,御史中丞卢航跟他们内外呼应做坏事,士大夫因畏惧而不敢正视。陈禾说:"这是国家安危的根本啊。我所处职位有进言的责任,这时候不进言劝谏,一旦调任给事中,进谏就不是我的本职了。"他没有接受给事中的任命,首先上书直言弹劾童贯。又弹劾黄经臣:"依仗恩宠玩弄权势,在朝廷同列中夸耀自己。常常说诏令都出自他的手中,说皇上将任用某人,举行某事,不久诏书下达,都跟他所说的相同。那发号施令,是国家的重大事情,降免昏庸官吏和提拔贤明之士,是天子的大权,怎么能让宦官参与其中?我所忧虑的,不只是黄经臣,此路一开,类似的人就会多起来,国家的祸患,就不可遏止,希望赶快把他放逐到远方去。"

陈禾上奏还没结束,皇上就恼怒地拂衣而起。陈禾拉住皇上的衣服,请求让自己说完。衣袖被撕落,皇上说:"正言撕破我的衣服啦。"陈禾说:"陛下不惜被撕破衣服,我难道敢吝惜头颅来报答陛下吗?这些人今天得到富贵的好处,陛下将来会遭受危亡的祸患。"陈禾的言辞更加激烈,皇上脸色大变说:"你能像这样尽心进言,我还有什么可忧虑呢?"内侍请皇上换衣服,皇上回绝他说:"留着破衣表彰正直的大臣。"第二天,童贯等人一个接一个地上前陈告,说国家非常太平,怎么能说这不吉利的话。卢航上奏说陈禾狂妄,把他贬为信州监酒,遇到赦免,陈禾得以自由地回到乡里。

王黼刚刚执掌大权,陈禾说:"怎么能在王黼门下听候调遣?"他极力辞职,于是改任他为汝州知州。他辞职更加坚决,说:"宁可饿死(也不接受任命)。"王黼听说后对他怀恨在心。陈禾的哥哥陈秉当时担任寿春府教授,陈禾就到官邸侍奉兄长。恰逢童贯统领军队路过寿春府,想要拜访陈禾不能进门,送礼给陈禾也不接受。童贯恼怒了,回到朝廷后就说坏话诬陷陈禾,皇上说:"此人向来如此,你不能容忍吗?"过了很久,朝廷才又起用陈禾担任舒州知州。任命刚下达他就去世了,追赠他为中大夫,谥号为文介。

# 鄞县经游记

〔北宋〕 王安石

庆历七年十一月丁丑,余自县出,属民,使浚渠川,至万灵乡之左界,宿慈福院。戊(wù)寅,升鸡山,观碶工凿石,遂入育王山,宿广利寺。雨,不克东。辛巳,下灵岩,浮石湫之壑(hè)以望海,而谋作斗门于海滨,宿灵岩之旌教院。癸(guǐ)未,至芦江,临决渠之口,转以入于瑞岩之开善院,遂宿。甲申,游天童山,宿景德寺。质明,与其长老瑞新上石,望玲珑岩,须猿吟者久之,而还食寺之西堂,遂行,至东吴,具舟以西。质明,泊舟堰下,食大梅山之保福寺庄。过五峰,行十里许,复具舟以西,至小溪,以夜中。质明,观新渠及洪水湾,还食普宁院。

日下昃,如林村。夜未中,至资寿院。质明,戒桃源、清道二乡之民以其事。凡东西十有四乡,乡之民毕已受事,而余遂归云。

　　十一月十四日从鄞州县城出发,去号召民众,让他们去疏浚河流和沟渠至万灵乡左边的边界上,晚宿于慈福院;十五日到了"升鸡山"(今五乡镇)看石匠凿石情况,然后进入育王山,宿于广利寺(即今阿育王寺)。第二天,因为大雨不止,于是不再能东行。十八日下灵岩(乡),乘船到石湫的沟中去望大海,想在海滨修一座斗门(堤堰中泄水的闸门),宿于灵岩山旌教院。二十日至芦江(今柴桥镇),到决渠之口,又到瑞岩的开善院,并住在那里。二十一日,游天童山,宿景德寺(今天童寺)。到天明的时候,和寺中的长老瑞新登上石崖远望玲珑岩,听了很长时间的猿鸣,之后回到寺里在西堂就餐。之后,又出发到了东吴,乘船向西行。到天明的时候,把船停在堤堰之下,在大梅山的保福寺吃饭。过五峰之后又走了十里左右,又乘船向西,到小溪已经半夜了。天明之后又看了新渠和洪水湾,回到普宁寺吃饭。下午到林村,还没到半夜已到资寿院。第二天,劝说了桃源,清道两乡的民众。一共14个乡,乡里民众都接受任务,我就回城了。

# 广德湖记(节选)

〔北宋〕　曾　巩

　　盖湖之大五十里,而在郑之西十二里。其源出于四明山,而引其北为漕渠,泄其东北入江。凡鄞之乡十有四,其东七乡之田,钱湖溉之;其西七乡之田,水注之者,则此湖也。舟之通越者皆由此湖,而湖之产,有凫(fú)雁鱼鳖、菱蒲葭蔓、葵莼莲茨之饶。淳化二年,民始与州县强吏盗湖为田,久不能正。至道二年,知州事丘崇元躬按治之,而湖始复。咸平中,赐官吏职田,取湖之西山足之地百顷为之,既而务益取湖以自广。天禧二年,知州事李夷庚始正湖界,起堤十有八里以限之。

……

　　观广德之兴,以数百年,危于废者数矣,由屡有人,故益以治。盖大历之间,溉田四百顷,大中入百顷,而今二千顷矣。

则人之存亡,政之废举,为民之幸不幸,其岂细也欤?故为之书,尚俾(bǐ)来者知毋废前人之功,以永为此邦之利,而又将与越之人图其废也。

### 译 文

广德湖的面积大概有五十里,在鄞县西面十二里的地方。它发源于(宁波西南的)四明山,在湖的北面引水挖掘了漕渠(运粮的水道),从湖的东北面泄洪进入甬江(在浙江省境内)。鄞县总共有十四个乡,东面七个乡的田地,由钱湖的水灌溉;鄞县西面七个乡的田地,灌溉用的水,就靠这广德湖了。通行于越州的船只都经由此湖,广德湖的物产,有丰饶的野鸭大雁鱼鳖、茭蒲葭菼、葵莼莲茨。淳化二年,有人开始与州县霸道的官吏一起侵占湖面造田,(这种情况)长久不能得到纠正。至道二年,知州丘崇元亲自考察治理占湖造田的事情,因而湖开始恢复(原貌)。宋真宗咸平年中,朝廷赐给官吏职田(即职分田,朝廷按官职品级授给官吏作俸禄的公田),鄞县选取湖的西面山脚下的百顷之地作为职田,不久(官吏)谋求增加职田就私自扩大占湖造田面积。天禧二年,知州李夷庚开始勘正湖界,筑起湖堤十八里来限制占湖造田。

纵观广德湖兴起的历史,已经几百年,濒临废弃的危险有多次,由于多次出现(有才德的)人,所以治理得越来越好。大概在大历年间,(广德湖)可以灌溉田地四百顷,大中年间可以灌溉田地八百顷,到如今可以灌溉田地二千顷了。那么,(有才德的)人的有无,政事的废兴,关系到百姓的幸福与否,这难道是小事吗?所以写了这篇记,希望使后来的人知道不要废弃前人的功业,而(使它)永远成为此地的利益,而且我又将和越州的人谋划治理已废弛的南湖。

# 袁燮传(节选)

袁燮(xiè),字和叔,庆元府鄞县人。生而端粹专静,乳媪(ǎo)置盘水其前,玩视终日,夜卧常醒然。少长,读东都《党锢传》,慨然以名节自期。入太学,登进士第,调江阴尉。

浙西大饥,常平使罗点属任振恤。燮命每保画一图,田畴、山水、道路悉载之,而以居民分布其间,凡名数、治业悉书之。合保为都,合都为乡,合乡为县,征发、争讼、追胥,披图可立决,以此为荒政首。除沿海制属。连丁家艰,宁宗即位,以太学正召。时朱熹诸儒相次去国,丞相赵汝愚罢,燮亦以论去,自是党禁兴矣。久之,为浙东帅幕、福建常平属、沿海参议。

嘉定初,召主宗正簿、枢密院编修官、权考功郎官、太常丞、知江州,改提举江西常平、权知隆兴。召为都官郎官,迁司封。因对,言:"陛下即位之初,委任贤相,正士鳞集,而窃威权者从旁睨之。彭龟年逆知其必乱天下,显言其奸,龟年以罪去,而权臣遂根据,几危社稷。陛下追思龟年,盖尝临朝太息曰:'斯人犹在,必大用之。'固已深知龟年之忠矣。今正人端士不乏,愿陛下常存此心,急闻剀切,崇奖朴直,一龟年虽没,众龟年继进,天下何忧不治。臣昨劝陛下勤于好问,而圣训有曰:'问则明。'臣退与朝士言之,莫不称善。而侧听十旬,陛下之端拱渊默犹昔也,臣窃惑焉。夫既知如是而明,则当知反是而暗。明则辉光旁烛,无所不通;暗则是非得失,懵(měng)然不辨矣。"

(《宋史·袁燮传》)

## 译　文

袁燮，字和叔，庆元府鄞县人。天生正直纯粹敦厚沉静，乳母放一盘水在他面前，他整天就把玩凝视，夜间睡觉也像（白天）醒着时一样（安静）。稍稍年长些，读东都《党锢传》，感慨地表示要以名节要求自己。进入太学，进士及第，调任江阴尉。

浙西发生大饥荒，常平使罗点让他负责救济。袁燮命令每保（均需）画一张图，田地、山水、道路都记在上面，又把居民分布在其中，户籍、产业也都写上。合并保成为都，合并都成为乡，合并乡成为县，赋税兵役、争斗诉讼、侦捕盗贼，按图为据可以马上解决，因此救荒工作做得最好。任沿海制属。接连为父母服丧，宁宗继皇帝位，用太学职位征召。当时朱熹等儒者相继离开京城，丞相赵汝愚罢官，袁燮也因为言论离职，从此党禁兴起了。很久以后，他任浙东帅幕、福建常平属、沿海参议。

嘉定初年，征召任主宗正簿、枢密院编修官，代理考功郎官、太常丞、江州知府，改任提举江西常平、代理隆兴知府。召任都官郎管，迁任司封。在奏对时，说："陛下刚继承皇位时，委任贤能的宰相，正直之士云集，窃取权威的人却在旁斜眼相视。彭龟年预料此人必定使天下大乱，明白指出他的奸诈，彭龟年却因此获罪遭贬，权臣于是扎根并勾结，几乎危害社稷。陛下追思彭龟年，曾在上朝时叹息说：'这个人还在的话，一定重用他。'本来已经深知彭龟年的忠心了。而今正直的人士并不缺乏，希望陛下常存这种心思，尽快听取切实的言论，嘉奖朴实正直的行为，一个彭龟年虽去了，许多彭龟年会接着进用，天下何愁治理不好。我前日劝陛下勤于询问，而且圣训说过'问则明'，我退下后与朝廷官员们说了这话，没有不称好的。但侧耳倾听（指十分关注）很久，陛下还像原来一样默然无语地上朝，我私下里感到疑惑。既然知道像这样会明白，就应当知道不这样就不明白。清楚了解就会光辉广照，无所不通；不明白就会稀里糊涂辨不清楚是非得失了。"

# 王应麟传（节选）

**王应麟，字伯厚，庆元府人。九岁通《六经》，淳祐元年举进士，从王野受学。调西安主簿，民以年少易视之，输赋后时。应麟白郡守，绳以法，遂立办。诸校欲为乱，知县事翁甫仓皇计不知所出，应麟以礼谕服之。差监平江百万东**

仓，调浙西提举常平茶盐主管帐司，部使者郑霖异待之。丁父忧，服除，调扬州教授。

初，应麟登第，言曰："今之事举子业者，沽(gū)名誉，得则一切委之，制度典故漫不省，非国家所望于通儒。"于是闭门发愤，誓以博学宏词科自见，假馆阁书读之。宝祐四年中是科。

迁国子录，进武学博士。疏言："陛下阅理多，愿治久。当事势之艰，舆图蹙(cù)于外患，人才乏而民力殚(dān)，宜强为善，增修德；无自沮怠；恢弘士气，下情毕达，操纲纪而明委任，谨左右而防壅(yōng)蔽，求哲人以辅后嗣。"既对，帝问其父名，曰："尔父以陈善为忠，可谓继美。"

迁太常寺主簿，面对，言："淮戍方警，蜀道孔艰，海表上流皆有藩篱唇齿之忧。军功未集而吝赏，民力既困而重敛，非修攘(rǎng)计也。陛下勿以宴安自逸，勿以容悦之言自宽。"帝愀(qiǎo)然曰："边事甚可忧。"应麟言："无事深忧，临事不惧。愿汲(jí)汲预防，毋为壅蔽所欺。"时大全讳言边事，于是应麟罢。

未几，大全败，起应麟通判台州。召为太常博士，擢秘书郎，俄兼沂靖惠王府教授。彗星见，应诏极论执政、侍从、台谏之罪，积私财、行公田之害。又言："应天变莫先回人心，回人心莫先直受言。箝(qián)天下之口，沮直臣之气，如应天何？"时直言者多迕权臣意，故应麟及之。迁著作佐郎。

久之，起知徽州。其父㧑(zǒng)尝守是郡，父老皆曰："此清白太守子也。"摧豪右，省租赋，民大悦。

（选自《宋史·王应麟传》）

王应麟字伯厚，庆元府人。九岁就通晓《六经》，宋理宗淳元年中进士，从王埜受学。

他开始做官任西安主簿，老百姓因他年少对他有些轻视，上交赋税时有的不按规定时间(上交)。王应麟把这种情况报告给郡守，对不按时交纳赋税的人绳之以法，从此(上交)赋税立即交清。地方上的武官想造反，知县翁甫知道后光着急却想不出什么办法。王应麟便挺身而出，以理晓谕这些武官，使他们放弃了叛乱。后王应麟被差遣监平江府百万仓东仓，又调任浙西提举常平茶盐主管账司，朝廷派遣的使者郑霖对他另眼相看。不久，王应麟居父丧，丧服期满后，他被调任扬州教授一职。

开始时，王应麟考中进士，他对人说："今天从事举子事业的人，都沽名钓誉，考中了就把一切学业都抛弃，对历代的典章制度毫不知晓，这些人不是国家所希望的无所不通的儒士。"于是他闭门发愤学习，发誓要以考中博学宏词科来自我举荐，他家里的图书不够，就借馆阁的图书来读。理宗宝祐二年(1254年),他果然考中了博学宏词科。

王应麟后又迁国子录,升武学博士,他向皇帝上奏章说:"陛下经历的事理多,想把国家治理好也已经好久了。当前的局势艰难,国家累于外患,人才非常缺乏而民力又疲惫衰竭,陛下应该努力勉励自己不断地做善事,增修德行,不要自我沮丧和怠惰;要想尽一切办法恢复和振兴全国的士气,并使下面的情况能全部反映上来;要稳操国家的纲纪,英明地委任官吏,对左右亲近的人要慎重选择,防止他们壅蔽陛下的耳目;要寻找圣哲的人来辅佐和教导皇子。"他既被皇帝召对,皇帝顺便问他父亲的名字,说:"你父亲以陈述善事为国家尽忠,你现在也这样,可以说是继承你父亲的美德了。"

王应麟迁任了太常寺主簿,在皇帝召见时,他对皇帝说:"淮河的防御刚刚告警,四川的局势也非常艰难,海表的上流都有唇亡齿寒之忧。现在军功还没有征集而首先就各啬赏赐,民力已经贫困还要继续加重赋税,这绝不是整顿防御的好办法。陛下不应该以宴安而自求逸乐,也不要喜欢听一些好听的话来求得自我安慰。"皇帝听了他的话后不愉快地说:"我也认为我们的边防非常值得担忧。"王应麟说:"在没有发生事情以前就能够深刻的忧虑,碰到事情发生以后就不会感到害怕。希望陛下日日孜孜不倦地留心国家的防御工作,不要被手下人的某些甜言蜜语所欺骗。"这时执政的丁大全非常忌讳人们谈论边事,王应麟对皇帝大谈边事因而遭到嫉妒,被迫罢了官。

但不久丁大全失败了,王应麟被重新起用为通判台州。后又受诏入朝担任了太常博士,并被提升为秘书郎,不久,又兼任沂靖惠王府的教授。由于彗星的出现,王应麟应皇帝的诏命上疏大力揭发了国家执政和皇帝侍从以及台谏官的罪过。竭力论述了积累私财、推行公田的祸害。他又上书说:"我认为国家想办法应付天变不如先挽回人心,要挽回人心又不如先虚心接受臣下和老百姓的直言。把天下人的口都钳住,打击敢于仗义执言的臣民的锐气,怎么能够对付天变?"当时敢于直言的官吏因触免了当权大臣的意旨,都遭到了贬谪和打击,所以王应麟向皇帝谈到这件事情。王应麟被迁任著作佐郎。

很久以后,王应麟又被起用为徽州的知州。他的父亲王扔曾经当过徽州地方的长官,因此众父老都说:"他是清白太守的儿子呀!"王应麟在徽州任上坚决地打击豪强,减少贫民的租税,老百姓都非常高兴。

# 忠直不阿方孝孺

方孝孺，字希直，宁海人。孝孺幼警敏，双眸炯炯，读书日盈寸。长从宋濂(lián)学，濂门下知名士皆出其下。孝孺顾末视文艺，恒以明王道、致太平为己任。尝卧病绝粮，家人以告，笑曰："古人三旬九食，贫岂独我哉？"父克勤坐事诛，扶丧归葬，哀动行路。既免丧，复从濂卒业。

洪武十五年，以吴沉、揭枢荐，召见。太祖喜其举止端整，谓皇太子曰："此庄士，当老其才。"礼遣还。二十五年，又以荐召至。太祖曰："今非用孝孺时。"蜀献王闻其贤，聘为世子师。及惠帝即位，召为翰林侍讲。明年迁侍讲学士，国家大政事辄咨之。临朝奏事，臣僚面议可否，或命孝孺就扆(yǐ)前批答。时修《太祖实录》及《类要》诸书，孝孺皆为总裁。燕兵起，廷议讨之，诏檄皆出其手。

建文三年，燕兵掠大名。孝孺曰："燕兵久顿大名，天暑雨，当不战自疲。今其奏事适至，宜且与报书，往返逾月，使其将士心懈。我谋定势合，进而蹴之，不难矣。"帝以为然，命孝孺草诏，遣大理寺少卿薛嵓(yán)驰报燕。比至，燕王不奉诏。

明年五月，燕兵至江北，帝下诏征四方兵，命诸将集舟师江上。而陈瑄以战舰降燕，燕兵遂渡江。帝忧惧，或劝帝他幸，图兴复。孝孺力请守京城以待援兵，即事不济，当死社稷。乙丑，燕兵入，帝自焚。是日，孝孺被执下狱。

先是，成祖发北平，姚广孝以孝孺为托，曰："城下之日，彼必不降，幸勿杀之。杀孝孺，天下读书种子绝矣。"成祖颔之。至是欲使草诏。召至，悲恸(tòng)声彻殿陛。成祖降榻，劳曰："先生毋自苦，予欲法周公辅成王耳。"孝孺曰："成王安在？"成祖曰："彼自焚死。"孝孺曰:"何不立成王之子?"成祖曰:"国赖长君。"孝孺曰:"何不立成王之弟?"成祖曰:"此朕家事。"顾左右授笔札,曰:"诏天下,非先生草不可。"孝孺投笔于地,且哭且骂曰:"死即死耳,诏不可草。"成祖怒,命磔(zhé)诸市。孝孺慨然就死,时年四十有六。

(节选自《明史·方孝孺传》)

译文

  方孝孺,字希直,浙江宁海人。方孝孺年幼时机警聪敏,两眼炯炯有神,每天读的书超过一寸厚。他成年后跟从宋濂学习,宋濂学生中的著名人士都不如他。方孝孺却轻视文学,常常把阐明王道、使天下达到太平作为自己的使命。他曾经卧病在床,家中断了粮食。家人把这件事告诉他,他笑着说:"古人一个月才吃九顿饭,贫困难道唯独我方孝孺吗?"他的父亲因为犯法被杀,方孝孺护送灵柩回家乡安葬,哀伤过度感动路人。丧期满了之后,他又回来继续跟随宋濂完成学业。

  洪武十五年,方孝孺因为吴沉、揭枢的推荐,被太祖召见。太祖欣赏他举止端庄严肃,对皇太子说:"这是一个品行端庄的人才,你应当一直用他到老。"随后按照礼节送他回家。洪武二十五年,又因为别人的推荐被召到宫廷。太祖说:"现在不是任用方孝孺的时候。"蜀献王听说他很贤明,聘请他担任世子的老师。

  等到惠帝即位,征召他担任翰林侍讲。第二年又提升他做侍讲学士,国家重大的政事皇帝常常询问他。朝廷讨论事情,官员们难以作出决定时,有时皇帝就让方孝孺在自己的座位前拟写批复。当时编纂《太祖实录》和《类要》等书,方孝孺都担任负责人。燕兵作乱,朝廷商量讨伐他们,诏书和檄文都出自他的手。

  建文帝三年,燕兵侵占大名府。方孝孺说:"燕兵长时间在大名停留,暑天下雨,他们就会不战而疲惫。现在正好他们的奏书到了,应该暂且给他们回复,诏书来往超过一个月,就会使他们将士的战心松懈。等我们商议好形成合围之势,再进兵攻击他们,就不难取胜了。"惠帝认为他说得很有道理,就命方孝孺草拟诏书,派大理寺少卿薛嵓驰报燕王。薛嵓到了以后,燕王没有接受诏书。

  第二年五月,燕兵到了江北,皇帝下诏征集四方军队,命令各将领把战船集中到长江上。但是陈瑄却率领战舰投降了燕兵,燕兵就渡过了长江。皇帝非常忧惧,有人劝皇帝到其他地方去避难,再图谋复兴。方孝孺竭力请求坚守京城来等待救兵,如果事情不成功,就决心为社稷而死。乙丑这一天,燕兵入城,建文帝自焚。这一天,方孝孺被抓进监狱。

  在此之前,成祖在北平发兵,姚广孝把方孝孺托付给成祖,对他说:"城池攻克这一天,方孝孺一定不会投降,希望您不要杀他。杀了方孝孺,天下读书风气就会断绝。"成祖点头答应了他。到这时,成祖想让他起草诏书。方孝孺被召到宫中后,悲痛的哭喊声响彻宫殿内外。成祖走下坐榻,劝导他说:"先生不要折磨自己了,我只是想效法周公辅佐成王罢了。"方孝孺说:"成王在哪里?"成祖说:"他已经自焚死了。"方孝孺说:"为什么不拥立成王的儿子?"成祖说:"治理国家要依赖年长一点的国君。"方孝孺说:"为什么不拥立成王的弟弟?"成祖说:"这是我们的家事。"就回头让手下人递给他笔和纸,说:"向天下发诏书,非你起草不可。"方孝孺把笔扔到地上,一边哭一边骂说:"死就死吧,诏书(我)是不可能帮你起草的。"成祖大怒,命令在闹市将他处死。方孝孺慷慨就义,时年四十六岁。

# 心学大家王守仁

原 文

　　王守仁,字伯安,余姚人。弱冠举乡试,学大进。顾益好言兵,且善射。兵部尚书王琼素奇守仁才。十一年八月擢右佥(qiān)都御史,巡抚南、赣(gàn)。当是时,南中盗贼蜂起。守仁至,亲率锐卒屯上杭。佯退师,出不意捣之,连破四十余寨,俘斩七千有奇。疏言权轻,无以令将士,请给旗牌,提督军务,得便宜从事。明年七月进兵大庾。凡破巢八十有四,俘斩六千有奇。还至赣州,议讨浰(lì)头贼,独仲容未下。横水破,仲容始遣弟仲安来归,而严为战守备。守仁岁首大张灯乐,仲容信且疑。守仁赐以节物,诱入谢。仲容率九十三人营教场,而自以数人入谒(yè)。守仁呵之曰:"若皆吾民,屯于外,疑我乎？"悉引入祥符宫，厚饮食之。贼大喜过望，益自安。守仁留仲容观灯乐。正月三日大享，伏甲士于门，诸贼入，以次悉擒戮之。余贼奔九连山。山横亘数百里，陡绝不可攻。乃简壮士七百人衣贼衣，奔崖下，贼招之上。官军进攻，内外合击，擒斩无遗。当是时，谗邪构煽，祸变叵测，微守仁，东南事几殆（dài）。世宗深知之。甫即位，趣召入朝受封。而大学士杨廷和与王琼不相能。守仁前后平贼，率归功琼，廷和不喜，大臣亦多忌其功，因拜守仁南京兵部尚书。守仁不赴，请归省。已，论功封特进光禄大夫，岁禄一千石。时已丁父忧，屡疏辞爵，乞录诸臣功，咸报寝。守仁已病甚，疏乞骸骨，举郧（yún）阳巡抚林富自代，不俟命竟归。行至南安卒，年五十七。

守仁天资异敏。年十七谒上饶娄谅，与论朱子格物大旨。游九华归，筑室阳明洞中，数年无所得。谪龙场，穷荒无书，日绎旧闻。忽悟格物致知，当自求诸心，不当求诸事物，喟然曰："道在是矣。"学者翕（xī）然从之，世遂有"阳明学"云。

（节选自《明史·王守仁传》）

## 译文

王守仁，字伯安，余姚人。二十岁考中乡试，学业大进。他更喜欢谈论兵法，而且擅长射箭。兵部尚书王琼一直认为守仁的才华不同寻常。十一年八月擢拔他做右佥都御史，到南州、赣州一带做巡抚。当时，南州盗贼蜂拥而起。守仁到了以后，亲自率领精锐的士兵驻扎在上杭。假装退兵，出其不意，直捣敌巢，连续攻下四十多座敌营，俘虏、斩获七千多敌人。守仁上疏说手中权轻，不能用来命令将士，请求赐予军旗牌令，提调监督军中事务，以便能方便做事。第二年七月进兵大庾。一共攻破敌巢八十四座，俘获、斩首六千多人。回到赣州，商议征讨浰头盗贼，只有仲容没被攻下。横水被攻破以后仲容才派弟弟仲安来归降，却（偷偷地）紧密备战。守仁在年初广泛地张灯奏乐，仲容将信将疑。守仁赐给他们节日礼物，引诱他们入城拜谢。仲容率领九十三人在教场安营，自己带领几个人入城拜谒。守仁呵斥他们说："你们都是我管辖的百姓，聚集在外面，难道是怀疑我吗？"把他们一起引入祥符宫，好好地用酒食招待他们。盗贼喜出望外，更加放心。守仁请仲容留下观赏灯乐。正月三日举行合祀先王的祭礼，守仁在城门口埋伏了披甲士兵，盗贼入门，就一一擒获并杀了他们。其他的盗贼逃跑到九连山。山横亘几百里，陡峭绝立，无法攻克。于是就挑选了七百个壮士穿上强盗的衣服，跑到山崖下，强盗招呼他们上去。官军进攻，里应外合攻击，捉拿斩首没有遗漏。当时，奸邪的坏人在朝中构陷忠良、煽风点火，灾祸变化难以预料，没有守仁的话，东南平贼之事就很危险了。世宗深知此事。刚刚即位，就立刻召守仁入朝受封。大学士杨廷和与王琼不和,守仁铲平盗贼,都把功劳归于王琼,廷和不高兴,大臣也有很多嫉妒他的功劳。因此就让守仁做南京兵部尚书。守仁不去任职,请求回家探亲。不久,论功行赏,封他特进光禄大夫,岁禄一千石。当时他在家守父孝,屡次上疏辞去爵位,请求采纳其他诸位大臣的功劳,这些请求都没有回复。守仁病得很重,上疏祈求告老还乡,不等皇命下达,终究归去。走到南安死去,五十七岁。

守仁天资聪明。十七岁拜谒上饶娄谅,和他谈论朱熹格物致知之学的大意。游览九华山回来,在阳明洞中筑室,几年都没有什么收获。贬谪到龙场的时候,穷荒之地无书可读,每天复习以前所学,忽然悟到格物致知之学,应该从内心而非外物去寻求,叹息说,道就在这里。学者一致听从他,世间于是有"阳明学"。

# 日 月 湖

〔清〕 张 岱

宁波府城内,近南门,有日月湖。日湖圆,略小,故日之;月湖长,方广,故月之。二湖连络如环,中亘一堤,小桥纽之。日湖有贺少监祠。季真朝服拖绅,绝无黄冠气象。祠中勒唐玄宗《饯行》诗以荣之。季真乞鉴湖归老,年八十余矣。其《回乡》诗曰:"幼小离家老大回,乡音无改鬓毛衰。儿孙相见不相识,笑问客从何处来?"八十归老不为早矣,乃时人称为急流勇退,今古传之。季真曾谒(yè)一卖药王老,求冲举之术,持一珠贻之。王老见卖饼者过,取珠易饼。季真口不敢言,甚懊惜之。王老曰:"悭吝未除,术何由得!"乃还其珠而去。则季真直一富贵利禄中人耳。《唐书》入之《隐逸传》,亦不伦甚矣。

月湖一泓汪洋,明瑟可爱,直抵南城。城下密密植桃柳,四围湖岸,亦间植名花果木以萦带之。湖中栉比者皆士夫园亭,台榭倾圮,而松石苍老。石上凌霄藤有斗大者,率百年以上物也。四明缙绅,田宅及其子,园亭及其身。平泉木石,多暮楚朝秦,故园亭亦聊且为之,如传舍衙署焉。屠赤水娑(suō)罗馆亦仅存娑罗而已。所称"雪浪"等石,在某氏园久矣。清明日,二湖游船甚盛,但桥小船不能大。城墙下趾稍广,桃柳烂漫,游人席地坐,亦饮亦歌,声存西湖一曲。

# 乡土文化

宁波府城里面,靠近城南门的地方,有个日月湖。日湖是圆形的,稍微小点,所以叫"日湖";月湖是长形的,面积稍大,所以叫"月湖"。两个湖连在一块就像一个圆环,中间隔着一道湖堤,小桥像纽带一样跨在上面。日湖边上有贺少监(贺知章,做过少监的官职)的祠堂。贺知章的塑像身着宽长的朝服,一点都没有黄冠(戴黄帽子的人,指诗人)的架势。祠堂中刻着唐玄宗为他写的《饯行》诗,表示他得到的荣耀。贺知章请求回鉴湖老家养老,他当时已经八十多岁了。他的《回乡》诗说:"幼小离家老大回,乡音无改鬓毛衰。儿孙相见不相识,笑问客从何处来?"八十才告老回家,不算早了,当时人却称他是急流勇退,世代相传。贺知章曾经拜访一个卖药的王姓老者,求延年益寿的方法,并赠予其珍珠。老者看见卖饼的人路过,就用珍珠换了饼吃。贺知章不好意思开口,非常懊恼悔恨。老者说:"吝啬的毛病没有除去,哪有长生的办法呢!"于是把珍珠还给他走了。这么说来贺知章只不过是一个追求富贵功名的人了。将其写入《唐书·隐逸传》,也算是很不伦不类了。

月湖一湖浩荡的湖水,明亮闪耀惹人喜爱,直通南城。城下种植的桃树柳树密密麻麻,布满在湖岸四周,也种植了名花果木穿插其中。湖中鳞次栉比的都是官人士大夫们修的园亭,楼台都已倾斜破败,而松树石头依然苍翠悠久。石头上的凌霄藤有像斗一样大的,大概是活了百年以上了。四明一代的官宦世家将田宅留给后代,园亭自己享用(意思是死后埋葬于此)。喷泉树木石头,大多暮楚朝秦(经常变换风格),所以园亭也姑且这样,就像驿馆衙门。屠赤水娑罗馆也只剩下娑罗一个了。所谓的"雪浪"等石头,在其中一家的园林里面很久了。清明时节,两个湖里的游船非常多,桥太小所以船都不大。城墙下走得稍远一点,桃花烂漫柳树成荫,游人席地而坐,一边饮酒一边唱歌,其中有一首歌被录入《西湖》里面。

# 鸿儒黄宗羲

黄宗羲,字太冲,馀姚人,明御史黄尊素长子。尊素以劾魏阉死诏狱。思宗即位,宗羲入都讼冤。至则逆阉已磔①(zhé),即具疏请诛曹钦程、李实。会廷审许显纯、崔应元,宗羲对簿,出所袖锥锥显纯,流血被体。时钦程已入逆案,实疏辨原疏非己出,阴致金三千求宗羲弗质,宗羲立奏之,于对簿时复以锥锥之。狱竟,偕诸家子弟设祭狱门,哭声达禁中。思宗闻之,叹曰:"忠臣孤子,甚恻朕怀。"戊午,诏征博学鸿儒。掌院学士叶方蔼,敦促就道,再辞以免。未几,方蔼奉诏监修明史,督抚以礼来聘,又辞之。上曰:"可召至京,朕不授以事。即欲归,当遣官送之。"宗羲虽不赴征车,而史局大议必咨之。乞审正而后定。尝论宋史别立道学传,为元儒之陋,明史不当仍其例。朱彝尊②适有此议,得宗羲书示众,遂去之。

(节选自《清史稿》)

[注释]:①磔:古代酷刑之一,车裂肢体以处死。②朱彝尊:清代词人、学者、藏书家。

黄宗羲字太冲,余姚人,是明朝御史黄尊素的长子。黄尊素因为弹劾太监魏忠贤死在诏狱里。明思宗即位后,黄宗羲赴京师为父亲申冤。抵达时太监魏忠贤已被分尸处死,便写了奏疏请求皇帝处死曹钦程、李实。正逢朝廷审问许显纯、崔应元,黄宗羲和他们对簿公堂,拿出衣袖中所藏的铁锥子刺许显纯,刺得遍体流血。当时曹钦程已经牵连到魏忠贤的逆案中,李实上疏申辩原先的奏疏并非出自己手,暗地里送给黄宗羲三千两银子请求他不要出面对质,黄宗羲立即把这件事奏报朝廷,在和李实对簿公堂时又用铁锥子刺他。官司了结以后,他和受害各家的子弟到狱门前设祭台对亲人祭奠,痛哭声传到皇宫里。明思宗听到以后,叹息说:"忠臣孤子,朕的心中很可怜他们。"明朝灭亡后,清廷下诏征招博学鸿儒,掌院学士叶方蔼敦促他上路就任,推辞两次才得以避免。过了不久,叶方蔼奉诏监修《明史》,以礼聘请他,他又推辞。皇上说:"可以召他到北京来,朕不交给他任务,如果他要回去,当即派遣官员送他回去。"黄宗羲虽然不肯来,而史局凡有重要的问题,一定向他征求意见,请黄宗羲审订改正而后定稿。曾经说过《宋史》另外列有《道学传》,是元朝者的鄙陋所致,《明史》不应该按照《宋史》的旧例这样做。朱彝尊正好有这种主张,得到黄宗羲的书信以后拿给大家看,便删去《明史》中的《道学传》。

# 蝉

〔唐〕 虞世南

**垂绥（ruí）饮清露，流响出疏桐。
居高声自远，非是藉秋风。**

诗人笔下的蝉是人格化了的蝉。三、四句借蝉抒情：品格高洁者，不需借助外力，自能声名远播。本诗与骆宾王的《在狱咏蝉》，李商隐的《蝉》成为唐代文坛"咏蝉"诗的三绝。

【诗人简介】 永兴县文懿子虞世南，字伯施，汉族，余姚（慈溪市观海卫镇鸣鹤场）人。初唐著名书法家、文学家、政治家。隋炀帝时官起居舍人，唐时历任秘书监、弘文馆学士等。唐太宗称他德行、忠直、博学、文辞、书翰为五绝。

# 送萧炼师入四明山

〔唐〕 孟 郊

**闲于独鹤心，大于高松年。
迥出万物表，高栖四明巅。
千寻直裂峰，百尺倒泻泉。
绛雪为我饭，白云为我田。
静言不语俗，灵踪时步天。**

炼师：古时以某些道士懂得养生、炼丹之法，尊称为"炼师"。
绛雪：炼丹家药名。

# 明州江亭别段秀才

〔唐〕 李 频

离亭向水开，时候复蒸梅。
霹雳灯烛灭，蒹葭风雨来。
京关虽共语，海峤不同回。
莫为莼鲈美，天涯滞尔才。

## 注 释

时候：时令气节。蒸梅：闷热的梅雨天气。
蒹葭：芦苇。
京关：京城。
海峤：沿海山地。
莼鲈：莼菜鲈脍的简称。《晋书·张翰传》："翰因见秋风起，乃思吴中菰菜、莼羹、鲈脍，曰：'人生贵适志，何能羁宦数千里，以要名爵乎。'遂命驾归。"后因作思念家乡的典故。

# 忆东吴太白山水

〔北宋〕 王安石

城头回首距几何？忆得好处长经过。
最思南山春树蔼，更忆东湖秋水波。
三年飘忽如梦寐（mèi），万事感慨徒悲歌。
应须饮酒不复道，今夜江头明月多。

## 注 释

东吴：是天童至东钱湖一带山水。王安石任鄞县县令期间考察并游览过这里。王安石写的这首诗回忆了当时情景。

东湖：即东钱湖。

三年飘忽：王安石任鄞县县令先后三年左右。飘忽：迅疾。苏轼《马上赋诗》："亦知人生要他别，但恐岁月去飘忽。"

【诗人简介】 王安石，字介甫，号半山，汉族，临川（今江西抚州市临川区）人，北宋著名思想家、政治家、文学家、改革家。

# 寄题钱君倚明州重修众乐亭

〔北宋〕 司马光

横桥通废岛，华宇出荒榛（zhēn）。
风月逢知己，湖山得主人。
使君如独乐，众庶必深颦（pín）。
何以知家给，笙歌满水滨。

钱君倚：钱公辅，字君倚，嘉祐中知明州，在月湖寿圣院北筑众乐亭，取名于孟子"独乐与众乐，孰乐？不若与众"之名言。

华宇：华丽的建筑。

荒榛：杂乱丛生的草木。

使君：汉时称刺史为使君。这里指钱公辅。

众庶：百姓。

颦：皱眉，表示忧愁和不快。

家给：家家生活富足。

【诗人简介】 司马光，字君实，号迂叟，陕州夏县涑水乡（今山西运城安邑镇东北）人，世称涑水先生，北宋时期著名政治家、史学家、散文家。在政治观点方面，司马光主张法制永远不变，其政治思想比较保守。

# 千丈岩瀑布

〔北宋〕 曾 巩

玉虹垂处雪花翻,四季雷声六月寒。
凭槛未穷千丈势,请从岩下举头看。

**【诗人简介】** 曾巩,字子固,汉族,建昌军南丰(今江西省南丰县)人,后居临川,北宋文学家、史学家、政治家。

# 游 鄞

〔南宋〕 陆 游

晚雨初收旋作晴,买舟访旧海边城。
高帆斜挂夕阳色,急橹不闻人语声。
掠水翻翻沙鹭过,供厨片片雪鳞明。
山川不与人俱老,更几东来了此生?

**注 释**

淳熙十三年(1186年)陆游应史浩的邀请游明州。

**【诗人简介】** 陆游,南宋诗人、词人。字务观,号放翁,越州山阴(今浙江绍兴)人,陆佃之孙。诗与尤袤、杨万里、范成大齐名,称南宋四大家,有《剑南诗稿》《放翁词》。

## 游东钱湖

〔南宋〕 史 浩

行李萧萧一担秋,浪头始得见渔舟。
晓烟笼树鸦还集,碧水连天鸥自浮。
十字港通霞屿寺,二灵山对月波楼。
于今幸遂归湖愿,长忆当年贺监游。

【诗人简介】 史浩,字直翁,号真隐。明州鄞县(今浙江宁波)人,南宋政治家、词人。

## 它山堰次永嘉薛叔振韵

〔南宋〕 魏岘(xiàn)

一朝堰此水,千载粒吾民。
只仰溪为雨,何劳旱望云。
四时人饮碧,六月稻尝新。
流出心源泽,年年惠我鄞。

【诗人简介】 魏岘,南宋明州鄞县(今浙江宁波)人。嘉定间,提举福建路市舶,坐事罢。居乡颇重水利。鄞县它山水与江通,致农田盐碱化,唐时曾筑堤堰捍江潮,岁久废毁,他请予重修,并董其役。著《四明它山水利备览》二卷,上卷志源流规制及修造始末,下卷载碑记题咏。淳祐初,起知吉州兼管内劝农使。

# 登招宝山

〔南宋〕 陈允平

宇宙初开辟,何神立此山。
中流天柱石,大地海门关。
浪恶蛟龙怒,云深虎豹闲。
潮期与日月,千古一循环。

【诗人简介】 陈允平,南宋末年、元朝初年词人。字君衡,一字衡仲,号西麓。四明鄞县(今浙江宁波市鄞县)人,出身官宦世家。少从杨简学,德祐元年(1275年)时授沿海制置司参议。元至元十五年(1278年),以图谋恢复旧朝之嫌入狱。经同官袁洪营救得免。后被征,北赴大都。晚年隐居四明日湖。著有诗集《西麓诗稿》一种、词集《西麓继周集》《日湖渔唱》词二种,另有《蜩鸣集》,今佚。

# 解连环(拜陈西麓墓)

〔南宋〕 张 炎

句章城郭。问千年往事,几回归鹤。叹贞元、朝士无多,又日冷湖阴,柳边门钥。向北来时,无处认、江南花落。纵荷衣未改,病损茂陵,总是离索。

山中故人去却。但碑寒岘首,旧景如昨。怅二乔、空老春深,正歌断帘空,草暗铜雀。楚魄难招,被万叠、闲云迷著。料犹是、听风听雨,郎吟夜壑(hè)。

句章:据史志记载,句章城始建于周元王四年(公元前472年,越勾践二十四年)为越王勾践所筑。古句章在今宁波市江北区慈城镇南15里,面江为邑,城基尚存,故相传曰城山,傍着城山渡。

【诗人简介】 张炎,字叔夏,号玉田,晚年号乐笑翁。著有《山中白云词》,存词302首。张炎另一重要的贡献在于创作了中国最早的词论专著《词源》,总结整理了宋末雅词一派的主要艺术思想与成就,其中以"清空""骚雅"为其主要主张。

# 踏莎行·润玉笼绡

〔南宋〕 吴文英

润玉笼绡,檀樱倚扇。绣圈犹带脂香浅。榴心空叠舞裙红,艾枝应压愁鬟(huán)乱。午梦千山,窗阴一箭。香瘢新褪红丝腕。隔江人在雨声中,晚风菰(gū)叶生秋怨。

## 译文

柔润如同白玉的肌肤,罩着菲薄透明的纱衣。用罗绢团扇轻轻遮蔽着浅红的樱桃小口。脖颈上围着绣花圈饰,还散发着淡淡的脂粉香气。大红的舞裙上,石榴花的花纹重重叠起,艾草枝儿斜插着舞乱的发鬓。

午梦迷离。梦中历尽千山万水,其实看窗前的月影,只是片刻转移。手腕上红丝线勒出的印痕刚刚褪去。江面上的雨声淅淅沥沥,却无法望到思念中的你。只有萧萧的晚风吹着菰叶,那境味简直就像已经到了秋季。

## 赏析

这是首感梦词,而这与一般的感梦词又不完全一样,把梦中所见之人的容貌、服饰描摹得极其细腻逼真,并没给人以缥缈恍惚、迷离朦胧之感,因而使人一时很难看出是在写梦。

【诗人简介】 吴文英,字君特,号梦窗,晚年又号觉翁,四明(今浙江宁波)人。有《梦窗词集》一部,存词三百四十余首,分四卷本与一卷本。其词作数量丰沃,风格雅致,多酬答、伤时与忆悼之作,号"词中李商隐"。

# 六州歌头·长淮望断

〔南宋〕 张孝祥

长淮望断,关塞莽然平。征尘暗,霜风劲,悄边声。黯销凝。追想当年事,殆天数,非人力,洙泗上,弦歌地,亦膻腥。隔水毡乡,落日牛羊下,区脱纵横。看名王宵猎,骑火一川明。

笳鼓悲鸣。遣人惊。

念腰间箭,匣中剑,空埃蠹(dù),竟何成。时易失,心徒壮,岁将零。渺神京。干羽方怀远,静烽燧,且休兵。冠盖使,纷驰骛,若为情。闻道中原遗老,常南望、翠葆霓旌。使行人到此,忠愤气填膺。有泪如倾。

## 译 文

伫立漫长的淮河岸边极目望远,关塞上的野草丛茂是平阔的荒原。北伐的征尘已暗淡,寒冷的秋风劲吹,边塞上的静寂悄然。我凝神伫望,心情黯淡。追想当年的中原沦陷,恐怕是天意运数,并非人力可扭转;在孔门弟子求学的洙水和泗水边,在弦歌交奏的礼乐之邦,也已变成膻腥一片。隔河相望是敌军的毡帐,黄昏落日进牛羊返回圈栏,纵横布置了敌军的前哨据点。看金兵将领夜间出猎,骑兵手持火把照亮整片平川,胡笳鼓角发出悲壮的声音,令人胆战心寒。

想我腰间弓箭,匣中宝剑,空自遭了虫、尘埃的侵蚀和污染,满怀壮志竟不得施展。时机轻易流失,壮心徒自雄健,刚暮将残。光复汴京的希望更加邈远。朝廷正推行礼乐以怀柔靖远,边境烽烟宁静,敌我暂且休兵。冠服乘车的使者,纷纷地奔驰匆匆,实在让人羞愧难为情。传说留下中原的父老,常常盼望朝廷,盼望皇帝仪仗,翠盖车队彩旗蔽空,使得行人来到此地,一腔忠愤,怒气填膺,热泪倾洒前胸。

## 赏 析

此词描写了沦陷区的荒凉景象和敌人的骄横残暴,抒发了反对议和的激昂情绪。

# 塞鸿秋·春情

〔元〕 张可久

疏星淡月秋千院，愁云恨雨芙蓉面。
伤情燕足留红线，恼人鸾影闲团扇。
兽炉沉水烟，翠沼残花片。
一行写入相思传。

**译文**

疏疏的星，淡淡的月，冷冷清清秋千院，愁如云，恨似雨，布满芙蓉般的脸面。
寂寞伤心，深情在燕足上系红线，对镜照芳容，形影孤单好烦恼，百无聊赖摇团扇。
看香炉里烟气低沉，池塘中落花成片。
这些景物都像一行行字句写入了相思传。

**赏析**

全曲生动形象地描写了女子对男子的相思之情，通过对事物的细致描写透露出相思之情至深，全曲含蓄但情真意切。

# 送柴养吾先生游四明山

〔元〕 袁士元

春游清兴已阑珊，送子扁舟独上滩。
诸老谩期花下醉，好山应待画中看。
晓行嶂雾侵衣润，夜漱溪泉透齿寒。
林壑夏凉宜避暑，主人瓜熟许分餐。

【诗人简介】 袁士元，又名宁老，字彦章，1306年生于鄞县(今宁波市)，卒年不详，是享誉诗坛的元代诗人。

## 光　溪

〔明〕　沈明臣

十里郊墟山水都，古今遗事未应诬。
采芝故近黄公里，洗马犹传贺监湖。
六代衣冠成冢墓，千家烟水属麋（mí）芜。
青天回首归何处？落日千峰兴不孤。

### 注　释

山清水秀的光溪村位于千年历史文化名镇——鄞江镇的中心，光溪穿村而过，村名也就以"光溪"命名。现在村中的一座古桥——光溪桥是非常有名的，与它山堰一起成了鄞江的标志。

【诗人简介】　沈明臣，明代诗人。字嘉则，号句章山人，晚号栎社长，鄞县（今浙江宁波）人。平生作诗七千余首，与王叔承、王稚登同称为万历年间三大"布衣诗人"。明臣著有《丰对楼诗选》四十三卷、《越草》一卷。另著有《荆溪唱和诗》《吴越游稿》《通州志》等。

## 泛钱湖入寺

〔明〕　徐　渭

花雨净氛埃，仙舟镜里回。
湖平孤屿出，天阔万峰来。
云掩全藏寺，山青尽点苔。
惟余孟夫子，迢递独寻梅。

【诗人简介】　徐渭，汉族，绍兴府山阴（今浙江绍兴）人。初字文清，后改字文长，号青藤老人、青藤道士等。明代著名文学家、书画家、戏曲家、军事家。书画方面都独树一帜，与解缙、杨慎并称明代三才子。他是中国泼墨大写意画派创始人、青藤画派之鼻祖，开创了一代画风,对后世画坛(如八大山人、石涛、扬州八怪等)影响极大。书善行草,写过大量诗文,被誉为有明一代才人。能操琴,谙音律,爱戏曲,所著《南词叙录》为中国第一部关于南戏的理论专著,另有杂剧《四声猿》《歌代啸》及文集传世。

## 上元诸彦集天一阁即事

〔明〕 范 钦

阗(tián)城花月拥笙歌,仙客何当结轸(zhěn)过。
吟倚鳌(áo)峰夸白雪,笑看星驾度银河。
苑风应即舒梅柳,径雾含香散绮(qǐ)罗。
接席呼卢堪一醉,何来心赏屡蹉跎。

【诗人简介】 范钦,字尧卿,号东明。明代著名藏书家,浙江鄞县(今浙江宁波鄞州区)人,嘉靖十一年(1532年)举进士,官至兵部右侍郎,与张时彻、屠大山称为"东海三司马"。他是中国现存最古老的藏书楼——天一阁的主人。

## 宁波杂咏

〔明〕 杨守陈

山颠带海涯，竹树映禾麻。
雪挹（yì）猫头笋，雷惊雀嘴茶。
瑞香金作叶，末利玉为葩。
六月杨梅熟，城西烂紫霞。

**注释**

猫头笋：指冬笋。
雀嘴茶：宁波名茶。
瑞香：花名，叶边缘黄色的称金瑞香。
末利：即茉莉花。

【诗人简介】 杨守陈，字维新，号晋庵，鄞县（今鄞州区）人。景泰二年（1451年）进士，选翰林庶吉士，授编修，迁侍讲学士、右侍郎。卒谥文懿。

## 雪窦山

〔明〕 王守仁

穷山路断独来难，过尽千溪见石坛。
高阁鸣钟僧睡起，深林无暑葛衣寒。
垫雷隐隐连岩瀑，山雨森森映竹竿。
莫讶诸峰俱眼熟，当年曾向画图看。

【诗人简介】 王守仁，中国明代哲学家，心学唯心主义集大成者。字伯安，号阳明，浙江余姚人。明代著名的思想家、文学家、哲学家和军事家，陆王心学之集大成者，精通儒家、道家、佛家。王守仁的学说思想王学（阳明学），是明代影响最大的哲学思想，其学术思想传至中国、日本、朝鲜半岛以及东南亚，集立德、立言于一身，成就冠绝有明一代。弟子极众，世称姚江学派。其文章博大昌达，行墨间有俊爽之气。有《王文成公全书》。

# 登天封塔

〔明〕 吴应雷

突兀出层空,明州尽眼中。
下方疑作雨,上界只生风。
西日沉红树,东流接海宫。
仰高应咫尺,吾欲溯苍穹。

【诗人简介】 吴应雷,字鼓和,号青寰,鄞县人。为诸生,家贫,授经,世居甬上,凡甬上诸生无不出其门下。卒于清初。

# 甬江城楼

〔清〕 施琅(láng)

浮桥横束大江隈,鱼市前头酒市开。
高立甬城楼上望,海船齐趁暮潮来。

注 释

隈:水边。
趁:追逐。

【诗人简介】 施琅,字尊侯,号琢公,福建省泉州府晋江县(今晋江市龙湖镇衙口村)人,祖籍河南固始,明末清初军事家,清朝初期重要将领。 施琅早年是郑芝龙的部将,顺治三年随郑芝龙降清。不久又加入郑成功的抗清义旅,成为郑成功的得力助手、明郑军的重要将领。

## 登宁波城楼

〔清〕 李调元

雉堞（dié）凌云脚下堆，鲸波带日岛边回。
江中船出海中去，洋外帆从天外来。
地近东溟先见日，云垂南浦忽闻雷。
不知何处蓬莱是，遥看沧沧贝阙开。

### 注 释

宁波城楼：古代宁波的城墙于20世纪20年代开始拆除。本诗的城楼和其下一首的"甬江城楼"都指东门城楼。

雉堞：古代城上齿状形作为守城掩护用的矮墙。

鲸波：海上巨浪。

蓬莱：即蓬莱山，传说为渤海中仙人居住的山。

沧沧：寒冷的样子。

贝阙：贝饰的宫门。亦喻仙宫。

【诗人简介】 李调元，字羹堂，号雨村，别署童山蠢翁，四川罗江县(今四川省德阳市罗江县调元镇)人。清代四川戏曲理论家、诗人。李调元与张问陶(张船山)、彭端淑合称"清代蜀中三才子"。李调元与遂宁人张问陶(张船山)、眉山的彭端淑合称清代四川三大才子。

## 竹 枝 词

〔清〕 万斯同

鄞江西去接它山，百里长堤几曲弯。
晴日放舟真乐事，远峰无数点苔斑。
光溪山水甲明州，花竹禽鱼事事幽。
阅尽西南行乐处，无如此地日狂游。

【诗人简介】 万斯同，清初著名史学家。字季野，号石园，门生私谥贞文先生，浙江鄞县人，师事黄宗羲。康熙间荐博学鸿词科，不就。精史学，以布衣参与编修《明史》，前后十九年，不署衔，不受俸。《明史稿》五百卷，皆其手定。著有《历代史表》《纪元汇考》《儒林宗派》《群书辩疑》《石园诗文集》等。

# 再叠双湖竹枝词

〔清〕 全祖望

东藩驿馆近侬家，白雪青唇唱和佳。
便扇东人新折扇，捧花桥上去看花。

双湖：宁波城内的月湖、日湖。

东藩驿馆：即高丽使馆，今月湖东岸宝奎庙。

东人新折扇：据说，折扇是日本人发明的。扇子按性别分出等级，送女儿、婆母、姑嫂的，多是制作精致的细芭蕉扇；送公公、大伯则赠以大芭蕉扇；送小叔、婿弟则一把折纸扇就够了。

白雪青唇：日本歌舞伎的装扮。

【诗人简介】 全祖望，字绍衣，号谢山，鄞县人，清代浙东学派的重要代表人物，著名的史学家、文学家，博学才俊。其著作颇丰，撰有《鲒琦亭集》38卷及《外编》50卷，《诗集》10卷，还有《汉书地理志稽疑》《古今通史年表》《经书问答》《句馀土音》等，又七校《水经注》，三笺南宋王应麟《困学纪闻》续选《甬上耆旧诗》，为我国文化宝库增添了许多珍贵遗产。

# 童　年

## 唐　弢（tāo）

夜应该是黑暗的吧，然而我却经历了一个并不黑暗的夜，你也许以为那晚上有月亮，有星星，再不然便是有灯光或者火炬，但都不是。只因为在我的寂寞的记忆里悬挂着一个笑脸，它照亮了我的童年。

笑脸照亮了我的童年。

朝阳爬上海面，雾气散了，一万颗金星在波涛上跳动，第一缕春光映进了小小的心，我在紫云英的绿茵上打滚，在暖洋洋的潮水里濯足，听鹧鸪在嫩绿的树丛中试着它的新声，杨柳枝头盘绕着青油油的潮气，不知道这是云，是雾，抑或是昨夜农家遗留下的炊烟？

白鸟在波涛上缓缓地飞翔，蓦地，象中了弹一样直落到水面，又霍地飞了上去，它已经找到了丰盛的早餐。

雄健的翼子在蓝天里划开一线笑痕，我的心里也漾起了一线笑痕。

心花开了，我笑着跳着，珍视我自己的童年。

在石榴花开得火一般红的时候，我骑上牛背，缓缓地踱过了绿的原野。

我唱着情歌，虽然并没有情人；我觉得自己是凯旋的英雄，虽然并没有打过仗。

看，这世界是多么幽静，多么美丽。

这世界是多么幽静，多么美丽。

夜，她在我回忆里留下难忘的倩影。

月是她的脸，一抹轻云是她的笑靥，几颗星星是她的眼睛，晚风吹过垂杨，这上面散布着她的风韵。

我在她的膝上跳舞。

我在她的怀里熟睡。

我笑着跳着，我的青春是一盆火，融融的是热烈，旺旺的是光明。

在童年的宝座上我跨着长虹，遨游于大漠似的天空，我撷着轻云，摘着星星。

童年，梦一般的童年。

我用着和山等量的悔恨，和海等量的懊恼，送青春逝去。

在山的尽头，海的边涯，不，在寂寞者的心底，我埋葬了我的童年。

（选自《文苑·经典美文》）

乡土文化

【作者简介】 唐弢(1913—1992),原名唐端毅,曾用笔名风子、晦庵、韦长、仇如山、桑天等,1913年3月3日出生于浙江省镇海县(今宁波市江北区甬江街道畈里塘村)。著名作家、文学理论家、鲁迅研究家和文学史家,也是中国社会科学院文学研究所研究员。著有杂文集《推背集》《海天集》《投影集》《边鼓集》等。主编《中国现代文学史》(三卷)、《中国现代文学史简编》,儿童文学《鲁迅先生的故事》等。

# 故乡的杨梅

## 鲁 彦

过完了长期的蛰伏生活,眼看着新黄嫩绿的春天爬上了枯枝,正欣喜着想跑到大自然的怀中,发泄胸中的郁抑,却忽然病了。唉,忽然病了。

我这粗壮的躯壳,不知道经过了多少炎夏和严冬,被轮船和火车抛掷过多少次海角与天涯,尝受过多少辛劳与艰苦,从来不知道颤栗或疲倦的呵,现在却呆木地躺在床上,不能随意的转侧了。尤其是这躯壳内的这一颗心。它历年可是铁一样的。对着眼前的艰苦,它不会畏缩;对着未来的憧憬,它不肯绝望;对着过去的痛苦,它不愿回忆的呵;然而现在,它却尽管凄凉地往复地想了。

唉,唉,可悲呵,这病着的躯壳的病着的心。尤其是对着这细雨连绵的春天。这雨,落在西北,可不全像江南的故乡的雨吗? 细细的,丝一样,若断若续的。故乡的雨,故乡的天,故乡的山河和田野……,还有那蔚蓝中衬着整齐的金黄的菜花的春天,藤黄的稻穗带着可爱的气息的夏天,蟋蟀和纺织娘们在濡湿的草中唱着诗的秋天,小船吱吱地独着沉默的薄冰的冬天……还有那熟识的道路,还有那亲密的故居……

不,不,我不想这些,我现在不能回去,而且是病着,我得让我的心平静,恢复我过去的铁一般的坚硬,告诉自己:这雨是落在西北,不是故乡的雨——而且不像春天的雨,却像夏天的雨。不要那样想吧,我的可怜的心呵,我的头正像夏天的烈日下的汽油缸,将要炸裂了,我的嘴唇正干燥得将要迸出火花来了呢。让这夏天的雨来压下我头部的炎热,让……让……

唉,唉,就说是故乡的杨梅吧……它正是在类似这样的雨天成熟的呵。故乡的食物,我没有比这更喜欢的了。倘若我爱故乡,不如就说我完全是爱的这叫做杨梅的果子吧。

呵，相思的杨梅！它有着多么惊异的形状，多么可爱的颜色，多么甜美的滋味呀。

它是圆的，和大的龙眼一样大小，远看并不稀奇，拿到手里，原来它是遍身生着刺的哩。这并非是它的壳，这就是它的肉。不知道的人，一定以为这满身生着刺的果子是不能进口的了，否则也须用什么刀子削去那刺的尖端的吧？然而这是过虑。它原来是希望人家爱它吃它的。只要等它渐渐长熟，它的刺也渐渐软了，平了。那时放到嘴里，软滑之外还带着什么感觉呢？没有人能想得到，它还保存着它的特点，每一根刺平滑地在舌尖上触了过去，细腻柔软而且亲切——这好比最甜蜜的吻，使人迷醉呵。

颜色更可爱呢。它最先是淡红的，像娇嫩的婴儿的面颊，随后变成了深红，像是处女的害羞，最后黑红了——不，我们说它是黑的，然而它并不是黑，也不是黑红，原来是红的。太红了，所以像是黑。轻轻地啄开它，我们就看见了那新鲜红嫩的内部，同时我们已染上了一嘴的红水。说它新鲜红嫩，有的人也许以为一定像贵妃的肉色似的荔枝吧？嗳，那错了。荔枝的光色是呆板的，像玻璃，像鱼目。杨梅的光色却是生动的，像映着朝霞的露水呢。

滋味吗？没有十分成熟是酸带甜，成熟了便单是甜。这甜味可决不使人讨厌，不但爱吃甜味的人尝了一下舍不得丢掉，就连不爱吃甜味的人也会完全给它吸引住，越吃越爱吃。它是甜的，然而又依然是酸的，而这酸味，我们须待吃饱了杨梅以后，再吃别的东西的时候，才能领会得到。那时我们才知道自己的牙齿酸了，软了，连豆腐也咬不下了，于是我们才恍然悟到刚才吃多了酸的杨梅。我们知道这个，然而我们仍然爱它，我们仍须吃一个大饱。它真是世上最迷人的东西。

唉，唉，故乡的杨梅呵。

细雨如丝的时节，人家把它一船一船地载来，一担一担地挑来，我们一篮一篮地买了进来，挂一篮在檐口下，放一篮在水缸盖上，倒上一脸盆，用冷水一洗，一颗一颗的放进嘴里，一面还没有吃了，一面又早已从脸盆里拿起了一颗，一口气吃了一二十颗，有时来不及把它的核一一吐出来，便一直吞进了肚里。

"生了虫呢……蛇吃过了呢……"母亲看见我们吃得快，吃得多，便这样的说了起来，要我们仔细地看一看，多多地洗一番。但我们并不管这些，它成了我们的生命，我们越吃越快了。"好吃，好吃，"我们心里这样想着，嘴里却没有余暇说话。待肚子胀上加胀，胀上加胀，眼看着一脸盆的杨梅吃得一颗也不留，这才呆笨地挺着肚子，走了开去，叹气似的嘘出一声"咳"来……

唉，可爱的故乡的杨梅呵。

一年，二年……我已有十六七年不曾尝到它的滋味了。偶而回到故乡，不是在严寒的冬天，便是在酷热的夏天，或者杨梅还未成熟，或者杨梅已经落完了。这中间，曾经有两次，在异地见到过杨梅，比故乡的小，比故乡的酸，颜色又不及故乡的红。我想回味过去，把它买了许多来。

"长在树上,有虫爬过,有蛇吃过呢……"我现在成了大人,有了知识,爱惜自己的生命甚于杨梅了。我用沸滚的开水去细细地洗杨梅,觉得还不够消除那上面的微菌似的。于是它不但更不象故乡的,简直不是杨梅了。我只尝了一二颗,便不再吃下去。最后一次我终于在离故乡不远的地方见到了可爱的故乡的杨梅。然而又因为我成了大人,有了知识,爱惜自己的生命甚于杨梅,偶然发现一条小虫,也就拒绝了回味的欢愉。现在我的味觉也显然改变了,即使回到故乡,遇到细雨如丝的杨梅时节,即使并不害怕从前的那种吃法,我的舌头应该感觉不出从前的那种美味了,我的牙齿应该不能象从前似的能够容忍那酸性了。唉,故乡离开我愈远了。我们中间横着许多鸿沟。那不是千万里的山河的阻隔,那是……唉,唉,我到底病了。我为什么要想到这些呢?看呵,这眼前的如丝的细雨,不是若断若续的落在西北的春天里吗?

【作者简介】 鲁彦(1901—1944),浙江镇海人(现浙江北仑区大碶人),原名王衡(xiè)臣,又名王衡、王鲁彦、返我。著名乡土小说家、翻译家。代表作有短篇小说集《柚子》《黄金》等。

# 谈宁波人的吃

## 苏　青

自己因为是宁波人,所以常被挖苦为惯吃咸蟹鱼腥的。其实只有不新鲜的鱼才带腥,在我们宁波,八月里桂花黄鱼上市了,一堆堆都是金鳞灿烂,眼睛闪闪如玻璃,唇吻微翕,口含鲜红的大条儿,这种鱼买回家去洗干净后,最好清蒸,除盐酒外,什么料理都用不着。但也有掺盐菜汁蒸之者,也有用卤虾瓜汁蒸之者,味亦鲜美。我觉得宁波小菜的特色,便是"不失本味",鱼是鱼,肉是肉,不象广东人、苏州人般,随便炒只什么小菜都要配上七八种帮头,糖啦醋啦料理又放得多,结果吃起来鱼不像鱼,肉不像肉。又不论肉片、牛肉片、鸡片统统要拌菱粉,吃起来滑腻腻的,哪里还分辨得出什么味道?

说起咸蟹,其实并不咸,在宁波最讲究的咸货店里,它是用一种鲜汁浸过的。从前我曾与苏州人同住一宅弄堂房子里,她瞧见我们从故乡带来的炝蟹,便不胜吃惊似的连喊:"喂唷!这种咸蟹怎好吃呢?"我也懒得同她解释。但是过了几天,她自己却也买来了两只又瘪又小,又没盖的"蟹扁",蟹黄淡得如猫屎,肉却是干硬的,其味一定咸而且涩,这种东西,在我们宁波,照例只好给田里做粗活的长工们下饭的。于是我问她:"这个你倒吃得来吗?"她理直气壮地答道:"是素子蟹呀,哪能勿好吃呢?"我笑笑对她说:"照我们宁波人看来,什么素子蟹便只好算是炝蟹的第十八代不肖子孙哩。"

闲话休提。以目下季节而论,宁波人该在大吃其笋及豆类了。宁波的毛笋,大的如婴孩般大,烧起来一只笋便够一大锅。烧的方法,如油焖笋之类还是比较细气些人家煮的,普通家里常喜欢把笋切好,弃去老根头,然后烧起大铁镬来,先炒盐,盐炒焦了再把笋放下去,一面用镬铲搅,搅了些时锅中便有汤了(因为笋是新鲜的,含有水分多)。于是盖好锅盖,文火烧,直等到笋干缩了,水分将吸收尽,始行盛行,叫做"盐烤笋",看起来上面有一层白盐花,但也决不太咸,吃时可以用上好麻油蘸着吃,真是怪可口的。

还有豆,我们都是在自己园子里种的,待它们累累结实时,自己动手去摘。渐渐豆儿老了,我们就剥"肉里肉",把绿玉片似的豆瓣拌米煮饭吃,略微放些盐,又香又软又耐饥。清明上坟的时候,野外多的是"草紫"。草紫花红中夹白,小孩儿们采来扎花球,挂在颈上扮新娘子。我们煮草紫不用油,只须在滚水中一沸便捞起,拌上料理,又嫩又鲜口。上海某菜馆的油煎草头虽很有名,但照我吃起来,总嫌其太腻,不如故乡草紫之名副其实的有菜根香。

假如你是个会喝酒的人,则不妨到镇海去买些青蟹来下酒,倒是顶理想的。青蟹与上海所售的澄湖大蟹比起来,觉得其肉更软更松脆。但蘸着的酱油也很要紧,定海的洛泗油,颜色不太浓而味带鲜,与上海酱油带浑黑色者不可作同日语。我初到上海的时候,见了这种浑浊的酱油就怕,现在虽已用惯了些,但总念念不能全忘故乡常吃的洛泗油之类。海味当中蚶子圆蛤等都是上海有买的。蛏子则不多见。现在春天里蛏子最肥嫩,可以剥出来拌笋片吃,也可以不拌而光拿蛏子一只只剥壳蘸着酱油来吃。记得我在南京读书的时候,有一次忽然想着要吃此物了,到处去找,好容易给我找到手,烧熟以后,一位湖南同学怪叫起来,说是:"这么硬绷绷的东西怎好吃呢?"及见我剥去了壳,她这才恍然大悟,如法炮制,一尝其味,又连呼好吃,吃了十几只,根本不知道要抽出肚肠,夜里便泄泻了。

宁波菜中又有许多是"烤"的,烤肉烤鸭烤大头菜,无一不费时费柴火。但工夫烧足的东西毕竟是入口即溶的,不必费咀嚼,故老年人尤爱吃。又宁波人喜欢晒干,如菜干、鱼鲞、芋艿干等,整年吃不完,若有不速之客至,做主妇的要添两道菜倒是很容易的。

红烧鳗与冰糖甲鱼,是我祖父所顶爱吃的食物,我祖母常把它们配好了上等料理,放在火罐里炖上大半天,待拿出来吃时,揭开罐盖便嗅到一阵肉香,仔细瞧时,里面的鳗或甲鱼块正好在沸着起泡呢。有时候我爸爸回家了,家中如接待贵宾一般,母亲忙着杀鸡啦、做菜啦,餐餐兴奋得紧。但是爸爸吃得很细,四菜一汤只动得一星星,吃时又不肯开口,要盛饭了只轻轻用指在玻璃窗上一弹,母亲原是叫佣妇在窗外等着听好的,可是乡下佣妇蠢,愈小心愈听不见弹指声音,爸爸常赌气不再添饭了,母亲心里很不安。后来她们商量定叫我陪着爸爸吃,我不敢违拗,只好眼观鼻、鼻观心地一口一口扒白饭吃,小菜老实不敢去夹,爸爸有时候狠狠瞪我一眼,我会失手滑落正捧着的饭碗……爸爸想:"这个孩子有病吧,怎么饭只吃得这一点,小菜什么都不想吃。"想着想着,这可想到营养卫生以至于医药治疗方面去了,他缓步踱进厨房,母亲及弟妹佣妇等都是在厨房内吃的——天哪,只见我正猴蹲在饭桌上,用筷夹不起茶叶蛋,改着方式想伸手抓呢。他很不快乐。

我知道爸爸是留学生,有许多外国习惯,但是我很替他可惜在吃的方面不该太讲究卫生而不注重趣味。我对于吃是保守的,只喜欢宁波式,什么是什么,不失其本味。犹如做文章一般,以为有内容有情感的作品原是不必专靠辞藻,因为新鲜的蔬菜鱼虾原不必多放什么料理的呀!唯有在冰箱里拖出来的鱼尸,以及水浸透的鞭笋,快要腐臭了的种种肉呀之类,才必须靠葱啦姜啦来掩饰,放在油里猛炸,加上浓黑的酱油,终至于做到使人们不能辨出味来为止。这是烹调技术的进步吗?还是食物本质的低劣?

(原载1945年5月上海《天地》第20期)

**【作者简介】** 苏青(1914—1982),女,原名冯和议,字允庄,浙江宁波人。中国作家,小说家、散文家、剧作家。是与张爱玲齐名的海派女作家的代表人物。代表作有长篇小说《结婚十年》,中篇小说《歧途佳人》,散文集《浣锦集》《饮食男女》等。

# 哭

## 巴 人

哭泣是弱者的表示。而强者则善听人哭泣。

有友人死了父亲,觉得非常悲痛,然而哭不出。在父亲的灵前,看亲族皆放声大哭,于是觉得为人子的自己,也非一哭不可,然而偏哭不出。

越哭不出,越觉责任重大,应该哭;终于欲仿效别人哭声,进而欣赏别人的哭声,忘掉了自己的悲痛。

但这也许是那友人不甘随俗,而为同声一哭;也许在潜意识里,觉得对死人哭诉,根本无用;悲痛只有自知,大可不必向死人"示威"之故。

然而,中国民族,是个好哭的民族。妻死其夫则哭之:抑扬顿挫,务使音韵悠然。母死其子则哭之:长短合度,务使听者神往。但男子则大都嚎啕或暗泣。此风使然,千百年而未或更改。

一至今日,则有所谓跪哭团,哭谏团之事。

三四年前,我在武汉教书,教员欠薪,积七八月不发分文,于是有跪哭团之组织,而教育当局,为妻儿生命请命。我看这办法,不是路道:我既不能象我友人,在死骸边欣赏别人哭泣,我又无铁铸膝盖,匍匐于衙门之下,长跪于高堂之前。于是只好溜之大吉。现在,我又看到报上有哭谏团组织。

较之跪哭团,固然无劳膝盖,但也颇费唇舌。然而有效与否尚未可必。

我以为与其哭而谏,不如恨而立。国事绝非私人玩艺,哭谏又何能动于人?国事本为自己之事,只有自己起来,负担一部责任,才是办法。故善哭泣者,必为惰性甚重者,乃将生者之责任托付死人之流也。

(原载1936年12月24日《立报·言林》)

【作者简介】 巴人(1901—1972),乳名朝伦,谱名王运镗,字任叔,号愚庵,浙江省奉化县大堰村(今大堰镇)人。主要作品有短篇小说集《监狱》《破屋》《乡长先生》等。